产业集群创新演化机制研究
基于复杂自适应系统视角

CHANYE JIQUN CHUANGXIN YANHUA JIZHI YANJIU

JIYU FUZA ZISHIYING XITONG SHIJIAO

余慧 著

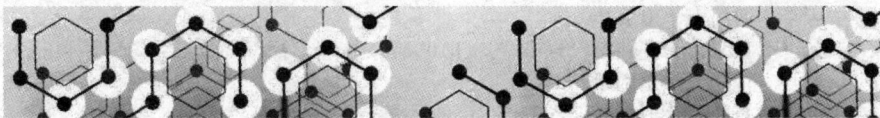

四川大学出版社

项目策划：邱小平　梁　平
责任编辑：梁　平
责任校对：傅　奕
封面设计：璞信文化
责任印制：王　炜

图书在版编目（CIP）数据

产业集群创新演化机制研究：基于复杂自适应系统
视角 / 余慧著. — 成都：四川大学出版社，2019.10
（2024.6 重印）
　ISBN 978-7-5690-3097-6

　Ⅰ．①产… Ⅱ．①余… Ⅲ．①产业集群－组织创新－
研究 Ⅳ．① F263

中国版本图书馆 CIP 数据核字（2019）第 212256 号

书名　产业集群创新演化机制研究——基于复杂自适应系统视角

著　　者	余　慧
出　　版	四川大学出版社
地　　址	成都市一环路南一段 24 号（610065）
发　　行	四川大学出版社
书　　号	ISBN 978-7-5690-3097-6
印前制作	四川胜翔数码印务设计有限公司
印　　刷	永清县晔盛亚胶印有限公司
成品尺寸	170mm×240mm
印　　张	11
字　　数	209 千字
版　　次	2020 年 4 月第 1 版
印　　次	2024 年 6 月第 2 次印刷
定　　价	68.00 元

◆ 读者邮购本书，请与本社发行科联系。
　电话：(028)85408408/(028)85401670/
　(028)86408023　邮政编码：610065
◆ 本社图书如有印装质量问题，请寄回出版社调换。
◆ 网址：http://press.scu.edu.cn

四川大学出版社
微信公众号

序

　　余慧博士《产业集群创新演化机制研究——基于复杂自适应系统视角》一书，紧紧围绕我国经济发展步入新常态，经济发展驱动模式逐步由资源驱动、投资驱动向创新驱动转变这一新的趋势展开研究。党的十八大报告指出：科技创新是提高社会生产力和综合国力的战略支撑，成为社会生产方式和生活方式变革进步的强大引擎。在2016年中共中央和国务院联合印发的《国家创新驱动发展战略纲要》中，也正式确定了国家创新驱动的发展战略。习近平总书记在党的十九大报告中进一步明确指出："创新是引领发展的第一动力，是建设现代经济体系的战略支撑。"伴随经济全球化的迅猛发展，经济意义的"国家状态"逐步被"区域状态"所取代，自熊彼特提出创新理论以来，聚焦创新集聚已成为创新理论研究中的一个重要方向。熊彼特认为，创新不是孤立事件，在时间和空间上也不是均匀的，趋向于成簇发生，形成创新"蜂聚"，基于创新空间依赖性的研究也进一步验证了创新的空间集聚性。因此，余慧博士认为，推动区域创新驱动发展已成为实现创新驱动发展国家战略的重要抓手。自2009年3月中关村国家自主创新示范区批复以来，截至2018年12月，国务院批复的国家级自主创新示范区已达到19家，有助于推动我国的创新区域集聚。同时，由于产业集群在推动区域经济发展和提升区域创新能力中的重要作用，培育产业集群目前已成为各国政府推动经济发展的重要手段，从著名的硅谷、布雷勒河谷香水、荷兰花卉、中关村，到遍布各地的产业园、高新区，优化或推动产业集群化发展正成为推动区域产业发展的重要政策工具，推动产业集群向集群创新发展成为实现创新驱动战略重要支柱之一。由此可见，余慧博士对该问题的研究具有重要的理论与现实意义。

　　在全书研究中，余慧博士将CAS系统理论、多主体系统仿真理论和基本统计分析方法有机结合，构建了基于回声模型的包含企业、知识中心、非知识要素供给机构、规制机构等主体行为的创新集群系统演化模型，并给出了尽可能完善的资源变换机制和资源交换条件，利用NETLOGO仿真平台构建了创新集群系统演化人工生命模型，并对仿真结果进行了初步统计分析，这在创新集群系统演化研究领域的研究方法上也是一种大胆的探索。

在对国家创新系统研究中，余慧博士比较重视基于区域发展需要的集群创新系统演化机制的研究。她认为，目前，集群创新系统演化机制已成为推动区域经济发展的重要政策工具，对企业、地区、国家创新绩效的影响越来越大，并成为国家创新体系的重要组成部分。虽然，集群创新理论的专门研究已有20余年，集群创新系统识别、集群创新系统的构成主体、集群创新系统的内部结构、集群创新系统的绩效评价、集群创新系统的实现模式、集群创新系统的支持政策、创新伙伴选择等相关问题的研究成果日益丰富，但不了解其演化机制，也就不可能对其有真正认识。因此，余慧博士对集群创新系统的演化机制进行的研究仍是集群创新系统相关理论研究的基础和核心工作。

面对知识经济时代的到来，余慧博士认为，以信息化技术为代表的科技革命迅猛发展，创新的不确定性、复杂性不断增强，创新不再是单个企业或某一类机构自身的行为，创新模式已从传统的以需求拉动说、技术推动论、诱导创新论等为代表的单向线性创新演化机制、单向线性模式，向链环—网络机制、创新螺旋机制、集群创新等多类机构参与的互动创新模式转变。就集群创新而言，所谓基于知识观的多机构互动创新就表现为集群创新系统中的企业、研究机构、高校、中介机构、政府、行业协会、辅助产业等机构围绕知识探索和知识利用建立协同伙伴关系，不断向市场提供满足市场动态需求的产品和服务。因此，余慧博士认为，将集群创新系统视为由多类主体参与的系统，进而探索集群创新系统演化机制，是进一步完善集群创新理论的重要方向。

随着复杂系统理论研究的深入，复杂自适应系统理论将加深人们对经济系统复杂性以及经济系统运行机制的认识。复杂自适应系统理论的核心观点是"适应性造就复杂性"，所谓的主体的适应过程，具体表现为个体与环境间交互作用的过程，在这一过程中，主体依据环境变化和自身特征做出适应性的行为调整，进而推动系统演化。由此，余慧博士认为集群创新系统是一个典型复杂的自适应系统。为此，她从复杂自适应系统理论出发，探讨了三类基于主体系统演化模型：一是经验模型。这一类模型主要是虚拟化现实问题，借助多主体仿真系统探索现象演化规律。例如构建高铁站人流仿真模型，以探索高铁站人流相关问题。二是抽象模型。这一类模型并不特指某一具体的实际现象，而是对某一特殊的理论机制展开模拟仿真，以便深入探索机制相关问题。例如通过多主体仿真重现扩散机制，加深对传染病感染过程、谣言传播过程、知识扩散过程等具有类似机制的问题的认知。三是理想模型。这一类模型是在对某一议题前期研究的基础上，依据前期研究成果构建仿真模型，以便对这一议题有更加深入的认识。

在本研究中，余慧博士采用复杂自适应系统的研究范式，利用集群创新系统演化机制，从知识创新的角度分析了各类主体的行为，特别是针对伴随系统与外部环境的演化，提出各类主体尤其是企业应如何适应性调整自身行为、主体之间如何就知识创新进行交互作用、多主体交互作用的群体行为将会产生哪些系统特征等问题；并在集群创新系统现有研究成果的基础上，结合复杂自适应系统理论，探索了集群创新系统演化理想模型，通过构建基于 KENE 和NK 模型的产品（或服务）设计空间，搭建了集群创新系统的外部环境；在系统归纳集群创新系统构成主体及行为的基础上，探索了一般回声模型在研究集群创新系统演化中的适用性，并选择可用于集群创新系统演化的控制机制；通过构建主体与环境交互行为适应性演化规则，结合多主体仿真系统理论，利用NETLOGO 仿真平台构建集群创新系统演化人工生命模型，并展开初步仿真分析，为从复杂自适应系统视角出发探索集群创新提供了相对完整的研究框架，这在一定程度上拓展丰富了集群创新系统理论的内容。在此基础上，余慧博士借助复杂自适应系统理论工具进行的仿真分析，加深了人们对现实集群创新发展一般规律的认识。在构建集群创新系统人工生命模型时，外生参数的设计更具一般性，通过合理选择外生参数，再现贴近现实集群创新系统的虚拟世界；又通过演化分析，加深了人们对现实集群创新未来发展的认知。在设计集群创新演化模型时，考虑了政府创新支持政策的影响机制，政府部门可以结合本地集群创新发展实际，选择合理的外生参数，模拟各类政策的有效性，从而进一步提高了政府部门制定政策的合理性和科学性。

诚然，余慧博士在本书中的研究也仅仅是对产业集群创新系统演化模型的一种初步探索，书中难免存在一些谬误或不足。但我认为该书的出版必定会对推进学术界对产业集群创新系统演化模型的研究产生重要影响，也会有助于政府部门利用集群创新系统演化模型提高其制定政策的科学性和有效性。鉴此，我愿将此书推荐给大家。

李天德

2019 年 8 月 18 日

前　　言

　　创新作为经济发展重要动力源泉的观点得到理论界和实践部门的普遍认可，在国家创新系统研究过程中，基于区域发展需要的产业集群创新系统成为推动区域经济发展的重要政策工具，产业集群创新理论也得到理论界的广泛重视。产业集群创新系统识别、构成主体、内部结构、绩效评价、实现模式、支持政策、创新伙伴选择等相关问题研究成果日益丰富，而产业集群创新研究最基本的问题仍是产业集群创新系统的演化机制。随着理论研究的不断深入和知识经济时代的到来，创新自身的演化动力机制也从资源观向知识（部分文献也称技术）基础观嬗变。构建基于知识观的产业集群创新演化动力机制模型，成为科学探索产业集群创新相关理论问题和制定产业集群创新支持政策体系的基础。

　　在大规模集群创新系统统计工作没有开展之前，试图通过统计实证探索产业集群创新系统演化相关规律仍存在不可跨越的数据搜集难题。结合已有研究成果，构建产业集群创新系统演化理想模型，并进行思想性探索，是目前产业集群创新系统理论研究的一条可行路径。以生成论为基础，复杂系统理论通过自下而上的方法探索系统演化的动力机制，尤其是将主体适应性学习作为系统演化动力源泉的复杂自适应系统更为贴近经济系统实际运行过程。本书以复杂自适应系统理论为指导，构建产业集群创新系统演化理想模型，并通过NETLOGO平台构建产业集群创新系统演化人工生命模型，试图为探索产业集群创新系统演化动力机制提供可供参考的研究思路和研究方法。

　　全书主要内容如下：

　　第一章首先介绍了研究背景和意义，同时对集群创新与复杂自适应系统的国内外相关研究现状进行综合述评。

　　第二章是研究的理论基础，对集群创新理论、复杂自适应系统理论、知识进化理论、合作创新理论、群体行为理论、网络创新理论进行了阐释。

　　第三章是基于回声模型的产业集群创新系统演化的理论分析。本章将产业

1

集群创新系统的构成主体划分为企业、知识中心、非知识要素供给者、规制机构、外部环境五大类；通过聚集、非线性、流、多样性四个特性和内部模型、积木和标识三个机制的判断，论证产业集群创新系统是一个复杂自适应系统。在简要阐明回声模型的基础上，进一步讨论了集群创新系统回声演化模型选择；依据回声模型及其仿真一般流程，认为产业集群创新系统的演化过程是产业集群创新系统中的企业在由与其产生交互作用的主体构成的生态位中，通过获取的外部信息对其自身资源特征进行内部判断，并不断调整资源变换效能的过程。

第四章是产业集群创新系统演化概念模型构建。本章首先利用 NK 模型和适应度景貌地图构建了产品设计空间。其次将每一个等位知识单元串对应的适应度景貌地图上的"山"视为一个细分市场，山的高度代表了等位知识单元串的适应度，即细分市场的市场容量；将企业不断优化等位知识单元串中知识单元专业水平的过程看作渐进式创新（即在适应度景貌地图上爬山），把企业调整等位知识单元串（即在适应度景貌地图上从一座山跳跃向另一座山）视为激进式创新，构建了企业激进式创新和渐进式创新选择机制、创新策略调整机制，并分别构建了企业、知识中心、政府和金融机构的行为机制。最后探索了产业集群创新系统整体创新能力的测度方法以及本书主要观测的产业集群创新复杂网络结构特征。

第五章是产业集群创新系统演化人工生命模型构建及模拟结果分析。本章首先通过 NK 模型构建了三类市场，在简单阐明 NETLOGO 仿真平台的基础上，设置了演化模拟流程，通过理论与实践相结合设置外生参数取值范围，并结合多主体系统演化分析目前主要的模拟手段和数据分析策略，设定数据模拟策略、模拟停止时间和对比基准状态，并对仿真结果进行分析。

第六章对全书主要研究结论进行了总结，同时进行了展望。

"路漫漫其修远兮，吾将上下而求索。"在本书付梓之际，谨向我尊敬的导师李天德教授，以及给予我指导、支持和帮助的人们表示由衷的感谢！我将继续徜徉在学术的海洋中，上下求索，奋力拼搏。

目 录

第一章 导 论

第一节 研究背景

自熊彼特提出创新理论以来,创新作为经济发展重要动力源泉的观点得到了理论界和实践部门的普遍认可,创新驱动发展战略成为区域经济发展的重要战略选择之一。随着我国经济发展步入新常态,宏观经济发展更加注重需求分析与结构调整、质量效益与创新驱动;推动区域经济发展驱动模式逐步由资源驱动、投资驱动向创新驱动转变,是实现产业升级、保持经济可持续发展、主动适应经济发展新常态的必然趋势。党的十八大指出:科技创新是提高社会生产力和综合国力的战略支撑,成为社会生产方式和生活方式变革进步的强大引擎。2016 年中共中央和国务院联合印发《国家创新驱动发展战略纲要》,标志着创新驱动发展战略正式成为国家战略。中国共产党第十九次全国代表大会上,习近平总书记在报告中指出:"创新是引领发展的第一动力,是建设现代经济体系的战略支撑……深化科技体制改革,建立以企业为主体、市场为导向、产学研深度融合的技术创新体系。"随着经济全球化的不断深入,经济意义的"国家状态"逐步被"区域状态"所取代,自创新理论提出以来,关于创新集聚特征研究成为创新理论研究过程中的一个重要方向,熊彼特在探讨技术创新及技术扩散过程时指出,创新不是孤立事件,在时间和空间上也不是均匀的,趋向于成簇发生,形成创新"蜂聚",基于创新空间依赖性的相关研究成果也进一步验证了创新的空间集聚性。因此,推动区域创新驱动发展成为实现创新驱动发展国家战略的重要抓手。我国自 2009 年 3 月中关村国家自主创新示范区批复以来,截至 2018 年 12 月,国务院批复的国家级自主创新示范区已达 19 家,有助于推动创新区域集聚。同时,由于产业集群在推动区域经济发展和提升区域创新能力中的重要作用,培育产业集群也是地方政府推动经济发展的重要手段,从著名的硅谷、布雷勒河谷香水、荷兰花卉、中关村,到遍布各地的产业园、高新区,优化或推动产业集群化发展正成为推动区域产业发展的重要政策工具,推动产业集群向集群创新发展也成为实现创新驱动战略的重要支柱之一。

在国家创新系统研究过程中,基于区域发展需要的集群创新系统既成为创新理论研究的热点之一,也成了推动区域经济发展的重要政策工具。其对企业、地区、国家创新绩效的影响越来越大,并逐渐成为国家创新体系的重要组成部分。有关集群创新理论的专门研究已有 20 余年,集群创新系统识别、集群创新系统的构成主体、集群创新系统的内部结构、集群创新系统的绩效评价、集群创新系统的实现模式、集群创新系统的支持政策、创新伙伴选择等相关问题的研究成果也日益丰富,但探索集群创新系统的演化机制仍是集群创新系统相关理论研究的基础和核心工作。

随着知识经济时代的到来,知识被认为是一个对竞争和增长的影响逐渐增长的因素。新古典增长理论认为,一旦经济步入稳态,每单位资本收益的增长仅来源于知识的增长,这也激发了经济增长理论中有关内生知识增长过程的研究。尽管这些理论各有差异,但它们都有一个共同的背景,就是强调通过干中学、人力资本累积、类似公共资助研究的公共品供给等途径产生的知识外部性,部分研究甚至认为知识溢出是集聚生产模式规模报酬递增的源泉,创新的主要动力从资源、资本依赖逐步向知识积累和集体学习的知识观转变。另外,在知识经济时代,以信息化技术为代表的科技革命迅猛发展,创新的不确定性、复杂性不断增强,创新不再是单个企业或某一类机构自身的行为,创新模式已从传统的以需求拉动说、技术推动论、诱导创新论等为代表的单向线性创新演化机制、单向线性模式,向链环-网络机制、创新螺旋机制、集群创新等多类机构参与的互动创新模式转变。就集群创新而言,所谓的基于知识观的多机构互动创新就表现为集群创新系统中的企业、研究机构、高校、中介机构、政府、行业协会、辅助产业等机构围绕知识探索和知识利用建立协同伙伴关系,不断向市场提供满足市场动态需求的产品和服务。因此,将集群创新系统视为由多类主体参与的系统角度出发,探索集群创新系统演化机制,是进一步完善集群创新理论的重要方向。

复杂系统理论研究的不断开展,尤其是复杂自适应系统理论的提出,加深了人们对经济系统复杂性以及经济系统运行机制的认识。复杂自适应系统理论的核心观点是"适应性造就复杂性",所谓的主体的适应过程具体表现为个体与环境(环境包括系统整体面临的外部环境,以及由其他主体构成的系统内部环境)间交互作用的过程,在这一过程中,主体依据环境变化和自身特征做出适应性的行为调整，进而推动系统演化。集群创新系统是一类典型复杂自适应系统，因此，本研究拟采用复杂自适应系统的研究范式，针对集群创新系统演化机制探索如下问题：从知识创新的角度分析各类主体的行为；随着系统与外部环境的演化，各类主体尤其是企业如何适应性调整自身行为；主体之间如何就知识创新进行交互作用；尝试探索多主体交互作用的群体行为将会产生哪些系统涌现特征。

第二节 研究目的和意义

一、研究目的

集群创新理论研究自概念提出以来就有明显的系统论特征，罗森博格（1984）认为创新模仿和扩散是形成集群创新的根本原因，伦达尔（1994）等学者认为主体间的集体互动学习是集群创新的基本特征，因此从动态视角探索集群创新相关问题更具理论和实践意义。从复杂自适应系统理论出发，构建基于主体的系统演化模型主要有三类：其一是经验模型。这一类模型主要是虚拟化现实问题，借助多主体仿真系统探索现象演化规律。例如构建高铁站人流仿真模型，以探索高铁站人流相关问题。其二是抽象模型。这一类模型并不特指某一具体的实际现象，而是对某一特殊的理论机制展开模拟仿真，以便深入探索机制相关问题。例如通过多主体仿真重现扩散机制，加深对传染病感染过程、谣言传播过程、知识扩散过程等具有类似机制的问题的认知。其三是理想模型。这一类模型是在对某一议题前期研究的基础上，依据前期研究成果构建仿真模型，以便对这一议题有更加深入的认识。

本研究拟在集群创新系统现有研究成果的基础上，结合复杂自适应系统理论，探索集群创新系统演化理想模型，通过构建基于 KENE 和 NK 模型的产品（或服务）设计空间，搭建集群创新系统的外部环境；在系统归纳集群创新系统构成主体及行为的基础上，探索一般回声模型在研究集群创新系统演化中的适用性，并选择可用于集群创新系统演化的控制机制；通过构建主体与环境交互行为适应性演化规则，结合多主体仿真系统理论，利用 NETLOGO 仿真平台构建集群创新系统演化人工生命模型，并展开初步仿真分析，为从复杂自适应系统视角出发探索集群创新提供相对完整的研究框架，试图为区域创新发展以及传统产业集群向集群创新升级提供理论参考，同时在一定程度上为推动集群创新系统发展提供决策启示。

二、研究意义

从理论层面来看，本研究具有如下意义。其一，丰富了集群创新系统的理论研究。本研究采用复杂系统研究"自下而上"的建模观点，结合回声模型提供的复杂系统演化一般机理，将创新视为主体的资源转换机制，在前人的研究基础上，较为全面地阐释了单个主体以及主体间交互作用的适应性行为演化机理，构建了相对完善的集群创新系统演化概念模型，并结合 NETLOGO 仿真平台构建集群创新系统演化的可视化人工生命演化实验平台，并进行初步仿真探索，形成了从复杂自适应系统出发，探索集群创新系统演化的一般性研究框架，进一步丰富了集群创新理论研究。其二，丰富了创新空间设计方法。无论是集群创新系统理论研究，还是创新理论研究，创新空间设置都是无法回避的问题，传统研究一般将创新空间设置为线性，无论是一维知识设计还是多维知识设计，都将知识量增加视为创新，创新程度取决于知识量的增加幅度，创新产品（或服务）的市场适应性基本都为产品（或服务）知识量的不减函数，这种设计方法虽可以表征技术多样性，但容易导致"为创新而创新"的政策启示。本书将 NK 模型和适应度景貌理论引入创新产品设计空间构建过程，一方面显著区分了渐进式创新和激进式创新的含义，另一方面体现了创新目的是开发新市场或向市场提供适应度更高的产品（或服务），提高了创新理论研究与创新目的的吻合性。其三，拓展了复杂自适应系统理论的应用范围。虽然复杂自适应系统理论是一个一般性的复杂系统理论，但从该理论相关研究的文献中可以看出，该理论具有浓厚的生物学背景，虽然该理论一经提出就受到众多学者关注，在经济和管理学科中也有广泛应用，但从知网搜索的结果来看，至少国内目前从复杂自适应系统视角出发，系统探索集群创新系统演化的大规模研究成果尚不多见。

从实践层面来看，目前创新驱动战略已上升为我国的国家战略，集群创新系统也逐步成为区域创新发展的重要抓手，深入探索集群创新系统演化机制具有重要的实践价值。首先，借助复杂自适应系统理论这一更贴合经济系统实际的理论工具，构建基于主体的集群创新系统演化机制并展开仿真分析，有助于加深对现实集群创新发展一般规律的认识，提高政策制定过程中对关键问题的把握能力。其次，在集群创新系统人工生命模型构建时，尽可能将外生参数设计得具有一般性，通过合理外生参数选择，可以再现贴近现实集群创新系统的虚拟世界。通过演化分析，有助于加深对现实集群创新未来发展的认知。另外，在设计集群创新演化概念模型时，考虑了政府创新支持政策的影响机制，政府部门可以结合本地集群创新发展实际，选择合理的外生参数，模拟各类政策的有效性，提高政策制定的科学性。

第三节　国内外研究现状述评

一、集群创新研究现状

集群创新系统研究成果丰硕，完整综述相关研究成果非本书所能完成，本研究的重要目标之一是构建知识观视角下的集群创新系统演化模型。从微观角度来讲，个体的知识开发、吸收能力是决定个体创新能力的基础；从宏观角度来看，集体学习及知识流动对系统整体创新能力具有重要影响。结合后文研究需要，本研究重点对知识流动、学习、组织结构、创新能力以及创新系统演化的相关研究进行综述，并重点对复杂系统视角的相关研究进行归纳总结。需要说明的一点是，由于集群创新相关理论研究自开始就具有明显的系统特征，相关成果难以截然分开，后文综述过程中会存在部分交叉。

（一）知识流动视角的相关研究

此类研究主要探索知识溢出或知识扩散对集群创新系统整体创新能力的影响。创新往往分为集群整体创新和集群成员创新，知识首先在一个主体或多个有限主体内发生创新，然后依靠地理聚集的优势和区域内信息沟通优势得到有效扩散，然后催生更大规模的创新，最终形成整体创新。

魏江（2003）从集群整体和成员两个方面分别探讨了小企业个体和整体集群创新网络的形成，企业之间通过哪种方式推动知识的溢出、知识溢出的途径和影响等动态发生机制。朱秀梅（2008）则探讨了知识溢出、社会资本功能和企业吸收能力三方面对企业绩效的作用机制，研究结果表明四者之间存在较复杂的作用关系。魏江、朱海燕（2006）研究了知识密集型服务业在集群创新过程的功能，将其整个工作流程分为知识生产、重组、传播等过程，这些过程促使知识密集型服务业在集群创新中以合作创新的方式发挥着作用。裴瑱、高运胜（2009）认为：在知识扩散过程中，知识密集型服务业的整合功能发挥着重要作用，通过整合集群的内外部显性的和隐性的知识，为集群企业提供针对性的服务，成为集群整体创新体系中的知识源泉，同时成为知识转移的桥梁，对集群技术溢出效应的提升具有十分重要的作用。谢荣见、孙剑平（2009）则从知识链角度进行了分析，认为集群企业通过知识获取、整合、共享、应用和创新形成知识链，加快了知识的扩散，从而降低了企业获取知识的成本。万陆（2009）认为，集群创新所依赖的知识可以是内部知识，也可以是外部知识，应该将集群创新放在一个开放系统中，重点考虑知识源泉的作用。周立春（2018）的研究表明：组织临近关系通过四种途径推动组织合作和知识外溢，应建构一个基于制度、社会、文化、组织的集群内临近关系，推动集群的健康发展。李宇、陆艳红、张洁（2017）从企业层面对集群知识创造进行分析，探讨了集群内部网络通过有意识的知识溢出实现知识创造的问题，并指出网络位置和功能对知识创造具有显著影响。刘燕燕、余以胜（2010）分析了集群内如何构建有效的知识管理系统，提出应全面分析集群创新系统的知识资源结构特点，从孤立和分散的知识处理系统向产业、中介机构、高校和政府之间协同集成的知识管理系统转变，重点从知识协同资源配置、综合技术平台建构和政府有效协调三方面建构跨组织的知识资源组织集体和完善的知识服务体系。

至于知识流动对集群创新的影响，张聪群（2005）认为：知识溢出对产业集群创新具有正面的推动作用，但应对集群内的知识溢出给予适当的补偿，维护创新者在知识溢出过程中的应得权益。施卫东、金鑫（2010）认为集群创新过程的形成是知识在集群内部的创造、储存、转移和应用的过程，通过知识、技术和知识的不断扩散推动集群的发展，结果表明，知识扩散和技术创新在不同行业具有差异。丁明磊、刘秉镰（2010）认为，知识创新和溢出为背景的创业活动对集群创新具有重要影响，知识型创业是集群创新和推动区域创新网络演化的动力之一。杨皎平、侯楠、王乐（2017）提出"知识势能"的概念，将其分为"共享性知识累积度"和"企业间知识差异度"两个维度，并以此分析集群内部知识溢出对创新的影响程度，研究结果表明，知识溢出对集群内技术创新绩效的影响呈倒"U"形，即一开始知识溢出对技术创新具有推动作用，达到某一点后，随着知识溢出的增加，技术创新绩效反而呈下降趋势。周朴雄、陶梦莹（2014）从企业个体知识、团队知识和协作知识建构的角度，探讨了集群创新的发生机制，研究认为，在集群创新的知识共同体中，个人、团队和集群协作交互构成了集群内部知识创新过程，可以有效提升集群内部创新的发生。张应青、范如国、罗明（2018）从集群知识分布和知识衰减程度方面分析集群创新的内在机制。研究结果表明，在知识分布一定的条件下，混合创新模式表现最好，外部吸收创新模式和内部自主创新模式呈现不同的演化路径；在模式一定的条件下，知识分布均衡，产业集群创新结果最好，知识衰减对不同创新模式的影响具有差异。夏曾玉、林婷、刘霞（2018）认为应不断从外部网络搜寻有用的知识资源，提高创新发生的频率和效率，以应对知识经济和创新带来的挑战。其研究结果表明：企业跨区域网络中知识开发和扩散网络对集群企业创新能力具有显著的推动作用，其中扩散网络比创新开发网络的影响更大。李浩、李静、黄剑（2018）分析了知识获取和知识融合对集群创新的影响。研究结果表明，集群创新中的知识整合成本、速度和充分度三个维度具有互斥性，不同维度对集群创新中的知识整合具有不同的影响。顾婷婷（2017）从人力资本迁移视角分析产业集群内技术创新的发生机制。结果表明，推动集群内企业创新发生的重要动力主要来源于人力资本迁移所带动的知识溢出效应，如果集群内流动的是普通劳动力，则人力资本迁移对集群内技术创新的影响不强。

（二）学习视角的相关研究

知识流动的质量和效率与集群内部企业的各个主体的学习能力和效率密切相关，在专业分工基础上，企业在区位相邻的地理范围内聚集，通过专业分工的效率提升和信息沟通所形成的交易成本下降，从而使产业集群占据优势，产业集群整体优势的形成和作用发挥的重要结果是集群创新的发生，而集群创新的发生与集群内主体的学习能力相关（刘友金，2003）。诸多学者从知识经济和学习经济理论对集群创新的发生和优势发挥开展讨论。吴友军（2010）分析了集群创新中学习的作用，在对产业集群创新组织分类的基础上，提出了产业集群学习方式的概念，并分析了集群学习方式对集群创新的作用机理。张永安、付韬（2009）的研究结果表明，集群组织间的学习与集群个人之间的学习是集群创新发生的重要因素，只不过组织间学习和个人之间学习的连接特征不一样，组织间学习的连接方式是强连接特征，而个人之间学习呈现水波状连接，这两种连接表征相互促进，共同推动了知识的扩散和集群创新的发生。周国红、陆立军（2006）分析了科技型中小企业的集群学习，研究结论表明，科技型中小企业集群学习对集群技术的创新与扩散起主导与推动作用，通过科技型中小企业的联合，建立共性技术创新、研发和服务主体，推动共性技术企业之间学习的发生，进而提升集群整体的创新能力，是一种推动科技型中小企业发展的有效模式。邵云飞、范群林、唐小我（2010）研究认为，地理的临近性使得学习机会和学习发生的概率增加，该研究从创新扩散的内在机理出发，从知识和信息学习角度建构集群内创新的发生和扩散模型。结果显示，创新扩散与创新具有正反馈关系，企业的学习能力对创新扩散的速度具有显著影响。李文博（2007）在溢出效应和学习机制的理论基础上剖析了集群创新的优势，并针对集群发展进行政策体系设计。李娜、陈畴镛（2008）分析了技术学习在集群创新网络中的作用。研究表明，技术学习是企业建立和互补其技术缺陷和产品缺陷，积累其技术储备和使用技巧的方式。冯朝军、温焜（2018）提倡集群内的企业必须与供应商、政府、科研院所和中介服务机构建立一种有效的学习网络，相互合作，提高集群的整体能力。

（三）组织结构视角的相关研究

随着复杂网络理论的不断发展，从复杂网络视角出发，探索集群创新的相关成果也成为组织结构视角分析的重要内容。

集群作为一种产业组织形式，其创新反映在集群内部组织之间构成的创新系统上，是一种中观上的创新系统，其内部组织之间的结构和联结模式具有个性和特殊性，正是这种独特的组织结构和联结模式推动了产业集群在全球范围内迅速发展（魏江，2004）。有学者将集群的创新组织结构概括为核心要素、服务支撑要素和环境要素，并从技术本身创新过程、经济决策、行为过程与创新体系方面分析了要素之间的相互影响和对集群创新系统的作用（赵涛、牛旭东、艾宏图，2005；汪安佑、高沫丽、郭琳，2008）。还有一些学者将集群创新系统分为类似的组织结构，分为由核心层、辅助层和环境层构成的"三位一体"的集群创新系统。在建构过程中，政府起着重要作用，应建构政府与集群一体的结构体系（欧阳宁波、危怀安、龙晋威，2008）。

产业集群内部的组织结构是一个由产业链相互交织构成的网状结构，从产业链视角、中间组织视角和产业网视角探讨组织结构对创新的影响。首先，从产业链和供应链视角：集群通过产业链的优势进行创新，呈现链式发展特征（杨敬华、蒋和平，2005）。集群通过供应链的集成、合作和一体化，将"供给—需求"主体的关系联结起来，形成多元化供应链模式（曹丽莉，2009）。集群创新网络具有全球产业链的竞争优势，通过创新提升将具有更大的竞争优势（王会龙、池仁勇，2012）。集群通过创新网络建构、技术资源内部化，内部和外部网络的连接等角度潜入全球价值链（顾志刚，2007）。其次，集群内创新网络中间组织功能视角：魏江、朱海燕（2007）认为集群创新中知识密集型服务业起着关键桥梁作用，包括知识获取、整合和转移三大主要环节；赵强、邓学民、韩秀杰（2005）认为中间组织的优势发挥建立在创新的分工、扩散、学习能力等方面的基础上。其三，产业网视角：产业集群作为一个网络，其内部创新网络有自己独特的功能和结构，正是内部网络集体学习机制，推动了集群创新的发生（范太胜，2008），即集群内部产业组织结构作为集群创新的载体，其中企业间学习和互动推动技术创新扩散，从而带来成本降低（姜凌，2009）。扩展一步说，网络内部利益相关者的集体行动都在围绕组织核心进行分工安排，形成一个有效的制度安排，推动集群创新的持续发生（丘海雄、崔强，2004）。集群发展需要内部合作网络的集体创新意识、资源和创新活动的整体激励，培育较强的核心企业（王伟光、尹博、冯荣凯，2012）。这些利益相关者形成了一种共生的关系，有助于提升集群创新能力（毛才盛，2013；孙小强，2015）。产业集群的创新是在共生基础上的技术分工过程，重点是发挥基于行业技术创新中心的作用，其中包括核心企业、科研机构和研发机构（魏守华、吴贵，2008）。集群企业的非正式网络关系和知识基础影响着创新的发生（曹路宝、胡汉辉、陈金丹，2011）。高晗、陆军（2018）认为，在社会网络角度下，创意产业集群竞争的核心是内部社会网络组织的动态优化能力。刘志峰、王娜（2010）认为集群内部组织结构由目标层、主题层、资源层、基质层和管理层构成。徐建敏、任荣明（2006）认为集群内部网络组织结构对创新的影响机制分为降低成本、提高创新效率和成功率，推动集体创新速度和提高持续创新动力三个层面的机制。网络结构推动产业集群内部信息和知识流动渠道畅通，并促进了创新成果通过网络在集群内的快速扩散（黄中伟，2004）。

从企业合作角度，庞俊亭、游达明（2012）认为集群的资源整合过程具有较高的效率和较广的范围。企业间较高的互动频率对集群创新具有积极的影响，集群内部网络主体之间的协同和互动能够提高创新能力，转变集群创新网络的不可复制性，为更高层面的集群网络提供重构的可能（胡俊峰，2011）。郑春芳、吕春成（2005）认为，集群内的技术创新需要技术扩散网络，科研机构和企业间形成模块化的分工组织和模块之间的相互协同。黄玮强、庄新田、姚爽（2012）认为集群创新网络具备"小世界"的特征，知识互补、潜在的合作伙伴和独立研发能力都是影响网络创新的重要影响因素。毛磊（2013）认为合作伙伴合作的风险程度显著影响集群创新网络创新的发生概率。赵鹏（2018）通过本体论和方法论意义上"网络"的融合，构建出系统而统一的集群创新研究平台。

从复杂网络视角，邵云飞、欧阳青燕（2008）的研究认为，根植性的隐性知识通过网络实现自我产生、传递和积累，形成集群创新网络的核心价值。知识网络的结构模式对集群创新具有重要作用（杨雪、顾新、张省，2014）。在创新和知识传播过程中，社会网络起到了重要的作用，集群内部创新通过社会网络有效地进行扩散和传播，并形成累积，在累积的基础上形成新的创新（王贤梅、胡汉辉，2009）。还有学者从正式的经济网络和非正式的社会网络分析了集群创新网络及其演化的内在机理，提出产业集群要积极融入国际产业分工中（雷如桥、陈继祥，2005）。史焱文、李二玲、李小建（2015）以寿光蔬菜与鄢陵花木集群的创新网络为例，分析网络结构的功能，认为不同网络结构和层次在集群创新过程中发挥不同的作用。该研究表明，农业集群创新主要依赖集群内部和外部弱关系所带来的异质性资源。与农业不同，我国复杂装备制造业的创新网络结构呈现异质性的集群主体创新过程具有动态化特征，其结构由核心层、支撑层和外围层构成，是一个立体创新网络结构（李慧，2012）。胡雅蓓（2014）的研究表明，服务业集群以创新服务平台作为载体，共同构成了创新网络的结构，形成了独特的创新发生机制。李勇、屠梅曾、史占中（2006）研究认为，集群创新网络中的知识流动，遵循优先连接机制的加点、加边和重连这三类活动会使得集群创新网络成为规模有限的无尺度网络。王发明（2008）刻画了复杂网络的网络结构三大结构变量，即度分布、聚集系数以及平均最短路径长度，并以此为基础分析了集群创新网络对创新能力的影响。产业集群网络作为一个空间聚集网络，空间上网络节点之间的空间关系对集群产生不同的影响（徐蕾，2012），集群内部个体关系层面的竞争和合作相结合催生了创新，推动了创新的不断生成演进（徐占忱等，2007）。王小丽（2008）认为，在由本地企业、支撑机构所聚集形成的区域创新网络系统中，需要将持续创新与国际产业链、全球市场相结合，融入全球价值链体系中，不断向价值链高附加值环节攀升。邵云飞、欧阳青燕（2008）阐释了集群网络特征对创新特征的影响以及对集群创新能力和竞争优势的影响。王灏、曾刚（2008）分析了创新中心与创新网络的生命周期特征，认为在不同的生命周期，创新的内容和主体不同。章建新、丁建石、白晨星（2007）从自组织视角分析了社会网络视角下集群内企业自组织对技术创新知识链的影响。蔡猷花、陈国宏、刘虹等（2013）研究认为，内部知识整合受创新合作意愿和外部知识整合能力的影响，知识整合的速度是由快到慢，而跨组织的知识整合和合作创新、集群创新网络与企业知识水平呈同步演化状态。

（四）创新能力视角的相关研究

创新能力主要来源于学习、知识流动与吸收，这在前面章节中已有涉及，此处不再赘述。以下重点对创新能力的特征、演化路径、评价体系和影响因素的研究进行综述。

特征及演化路径方面，周泯非、魏江（2009）构建了一个基于创新能力的研究框架，筛选了创新能力的主要构成要素，并对这些要素进行了结构化分类。王雷（2004）认为集群创新能力的演化具有路径依赖特征，容易导致技术锁定，确保集群创新能力的关键在于培育产业集群的持续创新优势。张小蒂、赵榄、林怡（2011）研究认为，在集群内部，企业应在行业协会的引导下实现有效的分工，在自己擅长的领域内进行研发，提高创新的质量和效率；在集群外部，政府除提供公共产品外，还要提供有效的制度保障，激发企业创新的积极性。内部与外部相互协调，是提升集群创新能力的关键因素。张杰、刘东（2007）认为，在提升地方产业集群自主创新能力方面，核心企业具有显著的正向作用。彭靖里、谭海霞、邓艺（2005）将产业集群网络分为空间聚集、知识交流和文化认同三个层面，探讨产业集群创新能力特征，提出应通过促使技术、信息和知识在产业集群内的传递、扩散，构建区域创新网络。林艳、王宏起（2009）分析认为，创新网络的系统结构会影响网络的功能，进而影响其创新产业集群的能力。李春艳、肖国东、刘海波（2008）从企业之间的关系的视角研究产业集群的创新能力，并从组织结构视角探讨产业集群创新能力提高的障碍因素及破解方法。

影响因素及评价体系方面，周明生、王辉龙（2005）认为生产型服务业作为生产活动的媒介，对产业集群内生创新能力具有显著的促进作用。张学伟、刘志峰（2010）认为提高产业集群创新能力，应提高区域经济社会综合发展水平。邵云飞、成斌（2008）认为通过建构有利于创新的制度安排，集群内部制度安排和创新模式成为提高产业集群创新能力的重要手段。邓峰（2016）认为在以核心企业为带动的产业集群中，核心企业创新能力对社会绩效影响的路径不同，直接正向影响集群创新效率和规模绩效。张治栋、孟东涛（2017）认为创新能力的提高是产业集群升级的根本动力，地理邻近性、知识互动、集体学习、开放式创新是产业集群升级的影响因素。赫连志巍、王岚（2018）分析了企业网络中创新能力传递的障碍概念，建构了计量经济模型，分析了集群创新能力障碍对集群创新的影响，研究表明，传递障碍与集群升级负相关，并对障碍阻碍集群升级的强弱程度进行了探讨。徐道宣（2007）构建了集群创新能力的评价模型，包括技术、创新投入和产出、创新环境等维度的评价模型。吴开军、吴价宝（2007）运用 Fuzzy 综合评价方法，对集群创新中的企业合作创新能力进行评价，为中小企业产业集群创新能力研究提供了一种实用的评价模型。李巧、孔庆书（2010）运用数据包络分析法对高新技术产业集群创新能力进行分析，结论表明：人才，尤其是高科技人才，对于集群创新能力具有重要的影响。张曼、菅利荣（2017）重点利用平衡计分法建立集群创新网络创新能力的评价方法，建构了灰靶双边匹配模型，分析我国战略新兴产业集群的发展路径。

（五）战略角度的相关研究

产业集群创新是一种产业层面的发展战略，是区域竞争优势形成的关键，因此，从战略角度分析产业集群创新具有十分重要的理论意义。集群创新可以分为模仿和替代两种战略（李永刚，2004），至于选择何种战略，主要基于产业集群的结构、外部技术环境和技术模仿前景等因素。技术模仿战略对集群技术进步具有重要功能，在构建技术创新机制的基础上，不能忽视相互之间的模仿作用。集群内部创新应该主动适应外部环境变化，才能形成独特的战略结构，外部环境则应尽量避免其对集群创新企业内部的结构、状态和行为方式的影响，从而推动集群创新的良性循环（胡恩华、刘洪，2007）。集群内部创新文化、竞争效应、需求拉动、创新收益和积累五个方面形成集群创新动力，而集群动力是集群保持持续竞争优势的主要支撑（鲁若愚、徐强，2003）。同时，应该选择适合我国区域经济发展的集群发展战略，才能适应国际竞争（李志刚，2007）。集群战略的形成需要对创新环境进行评价，赵强、杨锡怀、孙琦（2006）运用层次分析法对产业集群创新环境的影响因素进行量化分析，研究结论表明：政府、企业以及相关组织采取相应的创新战略，塑造了产业集群的创新环境，提高了产业集群的竞争能力。

针对创新战略形成机理方面，姜继娇、杨乃定（2004）通过引入管理熵建立集群创新管理能力的评价模型，认为集群创新管理模式的创新应强调战略、组织、方法、信息、文化和过程的集群性。杨皎平、纪成君、吴春雷（2009）建立了创新企业和模仿企业的双寡头竞争模型，分析了产权保护对两类企业产量和利润的影响、对两类企业投入的激励作用和对消费者剩余以及集群整体福利的影响。徐维祥、刘程军、江为赛等（2016）从企业研发、市场驱动、外商投资、政府引导和城镇建设五个因子构建了集群创新动力模型。徐顽强、段萱（2014）认为应建立基于全方位的支撑体系，实现科技、经济和产业一体化的产业集群发展战略。

（六）集群创新的演化研究

从过程视角来看，集群创新是一个演化过程，如相关学者认为针对高技术产业集群的创新过程是一个基于模块分包的创新演化模式（魏江、朱海燕，

2006)。针对其演化的机理，不同学者从不同角度进行了探讨：高长元、王京（2014）将网络分析与传染病模型结合，分析了集群创新的扩散机理。叶文忠、刘友金（2005）从区域创新网络的角度分析了集群创新演化过程。王兴元、孙平（2005）提出了产业集群创新网络的"双钻石"模型，并以美国硅谷地区的高新技术产业集群为例对集群创新网络模型进行系统解释。肖华茂、田钢（2010）运用回声模型对集群创新网络的演化机制进行了分析。姜江、胡振华（2013）从产业链的角度分析产业集群创新系统的演化周期，认为其是一个自组织系统，具有非连续性的特征，并且遵循社会生态演化机理，其中，资金、创新收益是影响集群企业创新的重要因素。还有一些学者从制度视角探讨产业集群创新的演化，认为产业集群需要通过政府的制度创新进而引入创新资源，通过组织机制和技术扩散机制推动集群创新的发展（蒋东仁，2006；张欣、徐二明，2008）。王鹏飞、张红霞、曹洪军（2005）提出应从宏观、中观和微观层面建立产业集群的创新体系。谢贞发、陈工（2008）融合运用企业能力理论、创新动力理论和区域创新系统理论，分析了集群创新演化机理，然后从微观、中观和宏观角度分析了产业集群创新演化的机理。彭宇文（2012）研究认为，产业集群是一种复杂的社会经济系统，通过集群创新才能体现集群竞争能力和竞争优势。

在演化阶段和分类方面，李明惠（2018）将大企业集群演变分为不同的生命周期，如生产阶段、成长阶段、成熟阶段和衰退阶段，不同阶段采取不同的创新模式，构建了集群生命周期理论。吕国庆、曾刚、马双（2014）以知识创造和创新为核心建构了网络和演化融合模型，并以山东省石油装备制造业产业集群为例，分析企业情景变化视角下产业集群网络演化框架。其结论表明：创新网络分为四个阶段，包括初始、裂变、聚集和重构；地理、社会和认知的临近性综合作用于创新网络，这种作用的演化轨迹具有环境适应性，从而推动组织、技术和空间的变动以及创新的持续发生。

有的学者对集群创新演化的对策进行了探讨。曹洪军、张红霞、王鹏（2006）研究认为，我国产业集群当下发展的关键是建立可持续的创新网络，维持产业集群的创新优势，这有利于形成可持续发展的创新体系。杨明、潘冬法（2008）研究认为，产业集群面临的主要问题是创新能力、中介服务、创新风险和创新文化的问题，要提高集群创新，需要构建强大的创新能力、完善创新服务支撑体系、优化宏观环境。

对于产业集群创新演化的影响因素，不同学者从不同角度进行分析，陆立军、郑小碧（2010）认为集群的演化具有边界的模糊性和差异性，其创新优势的来源和提升具有系统范式。杨洪焦、孙林岩、宫俊涛（2008）认为，在集群创新能力和竞争优势的演化过程中，应强化知识溢出、专业化分工与社会文化的认同等因素。阳毅、游达明（2012）研究认为，产业集群行业协会在引导集群自主创新、深化服务改革、增强创新能力、稳定集群发展方面发挥着重要作用，应该引起社会和政府的重视。徐维祥、刘程军（2015）分析了集群创新与县域城镇化之间的耦合关系。范如国、蔡海霞、李星（2012）的研究结论表明，集群内企业创新投入、人员投入、大学研发投入、研究机构研发投入等因素显著影响产业集群创新绩效。郑浩然（2007）综合分析集群基础设施、根植性文化、社会网络、集群内劳动力的供给和流动、资本投资、技术环境和市场专业化等因素后，从竞争效应、学习、溢出和扩散、激励等方面进行分析，构建了集群演化的动力模型。

（七）复杂自适应系统视角下集群创新研究现状

复杂自适应系统主要通过适应性来提高适应能力，系统中构成部分与外界环境以及部分之间进行交流，通过不断的学习和经验积累的交流，改变自身的结构和行为方式。胡恩华、刘洪（2006）认为产业集群创新网络的演化符合复杂自适应系统的特征，能够从微观层面上研究集群创新主体的行为和属性，并分析宏观和微观之间的特征变化。田钢、张永安、兰卫国（2009）从基于复杂性理论的集群创新的理论建树、创新过程、仿真研究三个层面概括了这一领域研究的发展脉络和主要观点，运用刺激－反应模型对集群创新网络的形成进行分析，剖析了集群网络形成的特征、影响因素、动力、合作机制等，并提出促进集群网络发展的对策和趋势走向。

集群创新具有复杂自适应系统的特性，一般通过仿真模型进行分析。张永安、付韬（2011）建立了基于 Swarm 平台的仿真模型，重现了内部创新网络演化过程。研究发现，焦点企业在关键基本组件的剥离比率低下的情况下如何克服制约，是我国集群创新网络演化的关键。该模型的主要特征是建立回声模型，拓展了复杂自适应系统的应用范围。田钢（2010）依据复杂自适应系统理论建立集群创新演化模型，从环境－行为的角度，运用仿真模拟了集群创新网络的演化过程。其研究结论表明，由于集群内部创新企业为了适应集群内部和外部环境变化，包括市场变化调整自身行为规则，从而形成集群创新网络，集群创新网络的演化在过程上具有小世界、聚集和复杂性特征。

在定性研究方面，郑小勇（2014）从复杂系统理论、制度理论和组织学习理论等多个理论视角，讨论了集群创新网络形成与演进的动因，提出了集群创新环境因素和集群创新主体因素两类动因。具体而言，集群创新环境因素通过影响集群创新主体因素中的经济理性动因和企业家动因进而影响其创新合作行为，从而导致不同形态特征的集群创新网络形成；集群创新环境的演进也是通过借助集群创新主体因素中的经济理性动因和企业家动因的传导进而使集群创新网络发生演进的，正式制度对集群创新网络形成与演进的作用主要是通过影响经济理性动因中的创新合作利益来实现的，非正式制度主要是通过影响企业家动因中的企业家精神和企业家认知来实现的。Frenken（2005）研究认为，需要借助复杂理论分析新技术组织之间和技术发明组织之间的相互作用特征，在复杂性分析的定性研究方面多下功夫。Silvestre 和 Neto（2013）研究认为，由于集群自身的复杂适应特点，其自身不一定能够适应全球复杂的竞争，也不一定能够获得全球的竞争优势，甚至会陷入低端均衡的局面，故需着重强调企业创新的累积的重要性。Luo 和 Liu（2014）通过建构产业集群整体的知识体系，识别集群主体行为模式，从而探讨集群创新的源泉。Mayangsari 等（2015）将产业集群目标引入模型，认为产业集群是具有目标的复杂智能体系，具有操作、协调、集成、情报和大脑等功能特征。Marian 和 John（2012）融合生态理论和系统理论建立共生模型指出，集群内部企业追逐网络利益，从而形成制度化的合作行为和规范，呈现整体的自组织特征，地方的历史文化和社会结构也起到了催化剂的作用。Chiles 等（2004）则更加关注产业集群创新网络中的主体相互作用和资源交换问题，提出产业集群的扩张和优势可以从涌现角度来分析。Cooke（2012）用复杂性、关联性、多样性和非线性对复杂创新自适应系统的结构和内容构成进行了具体阐述，同时指出创新系统的演化通常也伴随着创新绩效的提升。Kim 等（2014）的研究表明，创新模型研究离不开创新机制的分析，需要重点探讨其协同演变的内在机理。Gilbert 等（2014）指出复杂系统内主体通过对创新活动的动态适应性调整，能够有效地适应竞争环境及环境的变化，依靠合适的学习模式能够保证企业知识和技术的积累，从而导致自身创新能力的提升。Best（2001）架构了集群内部创新发展动力的循环模型，发现知识外溢、技术多样化等四个方面能形成稳定的循环结构，持续推动创新的发生。Rajendran 等（2015）从劳动力视角建构了产业集群复杂自适应系统微观结构之间的双向反馈。

在定量研究方面，Garcia（2005）研究认为，集群创新网络和内部产品开发体系都具有复杂适应的特性，可以运用多主体仿真模型进行分析。Peng（2013）以战略新兴海洋生物虚拟产业集群为研究对象，对产业集群复杂性进行描述，并引入了广义熵概念对其复杂性进行度量。Langford 和 Wood

（2004）以具有特色的历史文化氛围为基础，从社会结构所构筑的文化氛围和创新环境视角分析集群产生和发展的原因，然后从复杂性的角度进行度量。Boero 等（2004）建构了多主体仿真模型，模拟新产品在地理临近的生产者之间合作研发的生成过程，结果表明，由于生产者具有相同的技术模式和发挥阶段，因此，他们的合作会降低产品的研发成本。Mahmoudzadeh 等（2014）建构知识动力学仿真模型，对集群创新网络的分析结果表明，知识吸收能力调节组织学习能力。孙斌、郑垂勇（2009）在集群创新系统分析中发现，序参量在演化过程中起到了关键的作用，可以通过提高内部有序度，激发创新的发生和扩散。王敏、唐泳、银路（2007）认为序参量是影响集群学习效率的关键因素，主要通过复杂网络的有序程度实现。

　　CAS 理论视角的集群创新系统演化模型中具有较强代表性的是 SKIN 模型。1997 年，Gilbert 在 MEME 的基础上提出了包含两个等长序列、用于描述知识基因的 KENE 模型，并将之用于探索创新动态演化过程中的知识遗传和企业间的竞争合作。在该模型中，每个 KENE 为平面上的一个点，每项技术包含若干特定 KENE，并通过 KENE 间的距离来判定渐进式创新和激进式创新，这与目前大多数复杂自适应系统视角探索集群创新系统相关问题的研究中技术空间的设置基本类似。Anddreas Pyka、Nigel Gilbert、Petra Ahrweiler 在 2001 年的 "Innovation Networks—A Simulation Approach" 一文和 2002 年的 "Simulating Innovation Networks" 一文中对 KENE 内涵进行了扩充，正式提出了包含知识属性、特定能力和专业水平的知识基因描述方式，将企业产品视为若干个 KENE 的组合，探索了企业自主创新、合作创新以及知识的学习和遗忘等相关问题。2004 年，Petra Ahrweiler、Andreas Pyka 和 Nigel Gilbert 在 "Simulating Knowledge dynamics in innovation networks" 一文中提出了基于 KENE 的 SKIN 模型，SKIN 模型在继承 KENE 特性以及创新假说（innovation hypothesis）的基础上，将产品品质视为创新假说中每一个 KENE 知识属性与特定能力乘积之和的模，在设置外部环境（主要考虑供应链上下游企业产品品质）的基础上，分析了 KENE 视角下渐进创新和激进创新的内涵，设置了企业合作伙伴的选择规则以及合作网络对企业创新的影响规则，并利用 NETLOGO 展开仿真分析。SKIN 模型提出后得到了众多学者的关注和认可，Petra Ahrweiler、Nigel Gilbert、Andreas Pyka 和 Michel Schilperoord 等专门成立了推广和深入研究 SKIN 模型的网站（http：//cress. soc. surrey. ac. uk/skin/），公布了多种计算机语言下 SKIN 模型代码、培训推广以及研究主题，如 Petra（2011）研究企业间合作对知识流动的影响等。国内学者也对此模型进行了进一步研究，如徐巍（2010）拓展了原 SKIN 模型中的主体类型，仿真分析了包含高校和企业两类主体的区域创新网络中的技术合作与转移；王炜，罗守贵（2016）探索了企业合作策略、学习强度和公司规模结构对上市公司数量、创新网络数量及创新网络规模的影响。由于 SKIN 模型中基于 KENE 的知识描述方式能够有效描述技术多样性，并清楚区分激进式创新和渐进式创新，本研究在借鉴 KENE 模型的基础上，修正 KENE 三元组的含义，用于描述企业的知识资源和创新产品。

（八）集群创新的绩效研究

研究产业集群创新，不可避免地会涉及创新绩效。首先是创新绩效的评价：张危宁、朱秀梅、柳青（2006）在借鉴外国创新系统评价方法的基础上，根据集群创新系统特征，建立了我国的产业集群创新绩效评价体系和方法。王静华（2011）建立了集群创新能力的评价指标体系，引入 DE-BP 神经网络模型，通过实证验证了这个模型。史焱文、李二玲、李小建（2014）通过建立 DEA-Tobit 模型，分析山东寿光蔬菜产业集群的企业的创新效率及影响创新效率的因素。研究结果表明，企业对外部知识的吸收和自身的扩散能力，科研技术投入，创新资源配置和利用，政府对企业创新的支持力度，企业家精神和企业发展的外向型显著正向影响企业创新效率，而企业规模对企业创新效率影响并不显著。其次，是创新绩效的影响因素：曹群（2009）从产业链整合的视角分析认为，产业集群创新是借助网络进行知识整合，实现新价值的过程，揭示了产业集群创新绩效的影响因素，重点探讨了隐性知识溢出、企业吸收能力、企业系统消化能力对产业集群创新绩效具有重要的影响作用，显性知识溢出对产业集群创新绩效不存在显著的影响作用；企业知识整合能力对显性知识溢出与产业集群创新绩效关系不具有调节作用，企业知识整合能力对隐性知识溢出与产业集群创新绩效关系具有调节作用；网络连接规模、网络连接强度、创新动力机制、集体学习机制直接正向影响知识溢出、企业知识整合能力，从而间接影响产业集群创新绩效。范如国、蔡海霞、李星（2012）的研究结论表明，集群内企业创新投入、人员投入、大学研发投入、研究机构研发投入等因素显著影响产业集群创新绩效。Roettmer 和 Katzy（2006）从创新能力和绩效方面研究了其构成和影响因素，发现能力涉及经验、方法和行为规则的积累，而绩效成为能力的直接后果。

二、复杂自适应系统研究现状

霍兰（1995）在《隐秩序——适应性造就复杂性》一书中，在对比城市系统、人体免疫系统、经济系统、中枢神经系统等复杂系统特点的基础上，针对这些系统共有的协调性问题提出了复杂自适应系统，通过界定主体和适应的内涵，系统分析了复杂自适应系统的四个特性和三个机制，通过主体的描述方式以及信用分派机制分析，提出了微观的主体内部模型和宏观的回声模型及回声模型模拟的基本流程。1997年，霍兰在《涌现：从混沌到有序》一书中通过跳棋、神经网络等系统的分析，对复杂自适应系统的四个特性和三个机制进行了更深入的分析，提出了受限生成过程模型，并对隐喻的研究方法进行了探讨。至此，复杂自适应系统理论的一般性原理基本成型。该理论得到了众多学者的认可，并在众多领域得到应用和发展。

Montemagno 等（2006）利用复杂自适应系统理论，分析生物工程中，通过获得自然界物质和信息并嵌入集体的智能行为。Derosa 和 Mccaughin（2007）从管理组织整体适应能力方面进行探讨，认为内部管理者之间的交互和非线性影响造成管理环境的复杂性，管理者对复杂系统的适应能力在一定程度上是管理能力提升的基础。周哲等（2008）研究了系统内部成员间交互作用与系统结构变化之间的因果关系，根据复杂自适应系统理论、多主体（Agent）模型，通过案例模拟考察了企业产量对市场价格有影响和无影响两类不同机制下企业和政府行为变化情况。案例模型表达出企业与市场、"企业－环境－政府"之间的相互影响和不断交互的过程，验证了该方法在工业生态化研究中的可行性。徐炳振（2008）将此前已建立的描述复杂自适应系统动力学及其相变的理论做了进一步的推广，建立了更具实际意义的复杂自适应系统模型，并给出了其动力学演化和相变的一般理论。作为应用，对抛硬币游戏活动进行了数值模拟，并与相应的理论结果进行了对比。结果表明，两者符合很好。董湧、陈继祥（2008）借鉴复杂自适应系统理论的研究框架，将集群内部分层，建立基于分形介质的反应动力模型，解释了产业集群内部产业集聚的微观机制。陆泉等（2009）研究认为 Wiki 为领域专家的学术交流提供了一种全新的模式。他们对 Wiki 条件下的专家团队作了一个系统学分析，阐明了基于 Wiki 的复杂自适应系统的创新原理，进而给出了 Wiki 条件下专家团队知识创新的 SECI 模型，并采用著名的 Wiki 网站 OpenWetWare 中的一个 TOPOTA 克隆主题的实例说明了 Wiki 的专家团队知识创新的自适应性。2012年，约翰·H. 米勒和斯科特·E. 佩奇在《复杂适应系统——社会生活计算模型导论》一书中对社会系统的复杂性及涌现性进行了细致分析，探讨了复杂系统建模问题；对社会系统中适应性主体进行分析，提出了复杂适应社会系统建模的基本框架，并对社会元胞自动机、混沌边缘、主体动力学模型等问题进行探讨。蒋伟进等（2012）借鉴组织学思想将自适应系统中的自主运行单元抽象为Agent，把复杂自适应系统视为多 Agent 组织，从时间和状态角度对复杂动态系统的行为进行描述，提出了基于时序活动逻辑的多 Agent 动态协作任务求解自适应机制和构造模型；分析了任务求解 BDI Agent 的信念、愿望、意图的产生过程和实现方法，建立了协商推理的语义规则和行为规则，给出了协作群组的选择算法。从任务求解 Agent 的心智变化角度，描述了动态协作任务求解模型实现的六个阶段：任务动态分配、协作意愿产生、协作群体生成、共同计划制定、协作群体行动和结果评估。通过在 MAGE 等平台上实验和仿真测试，验证了方法的可行性和有效性。Ghadri Golestani（2014）通过引入混沌理论，实现计算机模拟对生态系统长期行为的预测和模拟，认为生态系统具有复杂适应的系统特征，由于自身处于混沌临界状态，其内部相互作用的有机构件通过相互作用导致其自身变化呈现复杂化、有序化和自组织特征，因此，具有"刺激-反应"原理。这种原理通过多主体仿真方法，并结合病毒的传播规律，从系统的角度刻画其传播的特征，表明复杂自适应系统理论针对生物智能演化和系统演进研究具有明显优势。部分研究以生物智能体为基础，从宏观和生物网络结构等视角进行研究。Alikhani 和 Fazlollahtabar（2014）通过对相关要素的调节，测度组织学习能力的强弱，并建立组织演化状态与组织学习能力之间的关系模型，分析有效组织学习能力对主体适应性演化的影响。Fonseca 等（2015）从管理实践的角度分析管理主体对复杂系统的适应性，认为管理工具的演化在一定程度上是组织所面临系统的复杂性的增加而造成的。

三、现有研究成果述评

创新理论一经提出就得到理论界和实践部门的广泛认同，相关理论研究可谓汗牛充栋。随着知识经济时代的到来，知识观下的创新研究逐渐成为该领域的主流理论，知识流动、集体学习等领域的相关研究不断完善知识观视角下的集群创新理论。尤其值得注意的是，集群创新相关理论研究一开始就具有明显的系统视野。从集群创新概念的界定来看，以魏江（2004）提出的集群创新系统概念为例，集群创新系统是在狭窄的地理区域内，以产业集群为基础并结合规制安排而组成的创新网络与机构，通过正式和非正式的方式，促进知识在集群内部创造、存储、转移和应用的各种活动和相互关系。可以看出，相关研究早已认识到集群创新的系统性，将集群创新视为一个复杂的经济社会系统。

除将集群创新视为一个系统，分析系统构成要素及构成要素间交互作用对集群创新发展的定性影响外，依据具体系统理论开展集群创新系统研究的成果也屡见不鲜。根据相关研究依据的系统理论不同，研究成果大致有三类：

其一是自组织理论视野下的相关研究，例如 Marian 和 John（2012）融合生态理论和系统理论建立了共生模型；姜江、胡振华（2013）从产业链的角度分析产业集群创新系统演化的周期现象，通过运用 Logistic 模型分析发现，产业集群创新系统演化具有生命周期，是一个自组织的系统，具有非连续性的特征，并遵循社会生态演化机理；蔡绍洪、徐和平、汪劲松（2007）研究从企业群落到产业集群的演化，分析区域创新网络形成过程中的自组织机理，并认为集群内各个子系统的复杂作用形成的竞合关系的自组织机制有助于形成高效有序的区域创新网络；孙斌、郑垂勇（2009）提出知识产权优势是产业集群创新系统中的序参量，并分析了序参量在其演化过程中的作用；张哲（2009）研究认为，产业集群创新是系统创新的动力系统，是集群创新要素的自组织协同动力、外部动力、内部动力和技术扩散动力协同的结果，是一个复杂的自组织系统；吴松强、石岿然（2008）将集群创新系统分析框架构建成交流、竞争、合作、分享、评价五个阶段，研究表明，集群创新各阶段过程是一个"动态循环累进"的自组织过程，并逐渐形成一个自我强化的自组织系统。虽然自组织理论视角的相关研究以生成论为基础，相较于构成论视角的研究具有很大进步，但以耗散结构论和协同理论为代表的自组织理论重点探索同质性元素构成的系统，系统不具有层次性，且要素间交互作用具有等概率性，而集群创新系统构成要素具有多样性，同时构成要素行为也具有多样性，主体间交互作用具有明显的选择性，这就导致自组织理论在集群创新系统研究中的应用具有很大的局限性。

其二是复杂网络视角的相关研究。随着复杂网络理论的不断完善，以复杂网络理论为基础，开展集群创新系统研究的文献也不断涌现。这一类文献主要集中在两个方面：一是探索集群创新系统网络结构特征及其对集群创新系统发展的影响，二是利用复杂网络生成机制探索集群创新系统网络演化。虽然复杂网络视角的实证研究的样本容量都不是很大，但无疑对集群创新支持政策的制定具有重要的启发意义。利用复杂网络生成机制探索集群创新系统演化的相关研究相较于自组织理论视角的研究而言，充分考虑了主体行为的多样性和主体间交互作用的选择性，目前这一类研究中的大多数成果都以小世界网络和无标度网络生成机制为基础，通过仿真分析探索集群创新系统的网络特征。虽然这一类研究充分考虑了主体间交互作用对集群创新系统整体知识创新的影响，但多数研究中企业的核心目标是为获取知识而展开创新，暗含着企业"为创新而创新、为创新而获取知识"的价值取向，同时将企业的市场适应性简化为知识存量，这无疑与现实企业创新的目的以及企业市场适应性的本质存在较大距离。

其三是复杂自适应系统理论视角的相关研究。这一类研究的理论基础最适合集群创新系统。随着复杂自适应系统理论在经济社会问题研究中的应用逐渐展开，基于复杂自适应系统理论的集群创新系统的相关研究也取得巨大进步，除了利用 CAS 理论对集群创新系统相关问题展开规范分析外，一大批 CAS 理论视角下的集群创新系统演化模型也被学者们陆续提出，例如具有较强代表性的 SKIN 模型、刘阳和王前（2009）对企业入群行为的仿真分析、付韬和张永安（2011）提出的核型集群创新系统演化模型、田钢（2010）的环境-行为视角的集群创新网络演化模型和 Boero 等（2004）构建的产业集聚区内微观行为与宏观技术适应性多主体仿真模型等。但总体来看，从复杂自适应系统视角出发构建的集群创新系统演化模型在以下两个方面仍显薄弱：一是关于知识与企业市场适应性的建模分析，相关研究多暗含企业市场适应度主要取决于知识存量的假定，例如，付韬、张永安（2011）构建的核型集群创新网络演化模型中，知识是一维的，产品价格取决于产品性能，而产品性能取决于创新成果，创新成果取决于创新知识与其他要素的合理比例，如果不考虑其他生产要素，本质上产品价格仍是创新知识存量的增函数；肖华茂、田钢（2010）在探索集群创新网络黏着机制时，提出了一个"两商品、两企业、两类知识"的简单模型，探索了企业间合作的条件，即在价格统一的假定下，企业主要进行产量决策，而企业产品大小主要取决于所拥有的知识存量，这其中也暗含着企业市场适应度主要取决于企业知识存量；在 SKIN 模型中，产品市场适应度直接通过各项技术知识属性和特定能力乘积的和的模来测度，但是企业的市场适应度不仅取决于企业技术水平，也取决于市场竞争程度，因此，单纯将企业市场适应度理解为知识存量增函数是不符合现实的。另外，将企业市场适应度简单理解为知识存量增函数的处理方法，不仅不利于描述技术的多样性，同时也不便于区分渐进式创新和激进式创新。二是在目前的相关研究成果中，系统构成主体主要集中在企业，而对集群创新系统中其他类型主体的研究尚显薄弱。

综上可见，在集群创新理论未来的研究中，以下几个问题仍需进一步加强：一是强化对创新目的的再理解，随着对企业决策目标研究的不断深化，企业决策目标经历了利润最大化、追逐正利润、追逐满意利润等认识过程，这就意味着企业创新的目的不应该是"为创新而创新",而是生存和追逐利润;二是进一步深化对创新空间的科学刻画,虽然创新是无止境的,但仍需对线性创新空间带来的技术多样性难以刻画、创新程度难以区分等问题开展进一步研究;三是强化对集群创新系统中企业外的其他类型主体行为的研究。

第二章　集群创新系统研究的理论基础

第一节　集群创新

在集群创新系统理论的探索过程中，曾出现"集群创新"和"创新集群"两个近似的概念，相关学者认为创新集群关注创新的集群效应，集群创新关注产业集群的创新优势。随着研究的不断深入，两个概念下的研究成果逐步呈现融合趋势，后文在分析过程中对这两个概念不再进行区分，统一采用"集群创新"进行表述。

目前，对集群创新系统的研究包括集群创新系统的内涵、类型、演化动力机制、演化周期、系统特征等方面。其中，集群创新系统的内涵及演化动力机制是目前理论研究的焦点。由于集群创新系统研究成果丰硕，系统综论所有研究与成果非本书所能完成，结合后文研究需要，以下重点对集群创新系统的内涵和演化动力机制进行简要概述。

对于集群创新系统内涵的界定有三种基本类型：其一是构成主体论。这一类集群创新系统内涵界定主要探索集群创新系统的构成主体，其研究结论基本与产业集群研究成果相近，普遍认为企业仍是集群创新系统的核心主体，研究机构、大学等是集群创新系统重要的创新源泉，中介组织等服务机构是提高集群创新系统创新能力的润滑剂，政府、行业协会等机构可以规制集群创新系统内其他主体的行为，提高集群创新系统创新能力发展的持续性。其二是关系论。这一类研究成果重点分析集群创新系统内主体间的交互作用，产业链、知识链、信息链、资金链等视角下的创新协作研究，基于知识溢出的创新网络研究，主体、环境、资源交互作用视角下的集群创新研究等系列成果多属于这一类。其三是特征论。这一类研究成果重在探索集群创新系统的整体特征，集聚经济、知识溢出、外部经济、网络经济性等众多集群特征也出现在很多集群创新系统的内涵界定之中。

对于集群创新系统形成动力机制的研究是集群创新系统理论研究中的核心内容。从系统形成的方式来划分，集群创新系统形成机制的研究成果可划分为自组织方式和他组织方式两大类：自组织方式下的研究成果重点探索市场机制在集群创新系统形成中的作用；他组织方式下的研究成果重点探索非企业机构在集群创新系统形成中的作用。两种方式研究成果的主要差异在于对集群创新系统构成主体的界定上：如果仅将企业视为集群创新系统的构成主体，政府、大学、科研机构、行业协会等机构成为系统环境，当主要依靠企业行为形成集群创新系统时，自组织方式就成为集群创新系统形成的主要方式；如果环境因素在集群创新形成过程中发挥主要作用，他组织方式将成为集群创新系统形成的主要方式。如果将企业以外的主体也视为集群创新系统的构成主体，自组织方式将成为集群创新系统形成的唯一方式。因此，从不同形成方式出发探索集群创新系统形成机制的相关研究并无优劣之分，其主要区别在于系统边界界定的差异。

对于集群创新系统形成动力源泉的探索是集群创新系统演化动力研究的关键。基于创新扩散的"二次创新"，资源互补论、创新风险分担论、基于交互作用的集体学习，范围经济、规模经济、集聚经济与创新过程的正反馈，内生动力与外生动力的正反馈等众多能导致创新"集聚"的机制屡被学者们提及。但目前相当大部分的研究成果仍属于自上而下的构成论为基础的集群创新系统生成机制研究，这一类研究成果将集群创新系统整体优势作为主体参与产业集群创新的动力，将系统宏观特征作为微观个体追求的目标，具有明显的还原论特征。

第二节　复杂自适应系统理论概述

一、复杂性理论研究概述

自普里高津和尼克里斯在《探索复杂性》一书中提出复杂性的概念以来，关于复杂性的研究如雨后春笋般不断涌现。John Horgan 在《科学的终结》一书中列举了他整理的不同学科对于复杂性的定义，熵、序参量、计算复杂性、结构复杂性、分形维、混沌边沿等众多概念出现在复杂性的定义之中，几乎每个学科都有本学科对复杂性的认识。钱学森在探索复杂巨系统理论时，提出了简单性与复杂性的核心区别，认为不能用还原论或不宜用还原论处理的问题都属于复杂性问题。

虽然复杂性理论流派众多,但核心问题仍集中在对涌现即对复杂性来源的探索上。涌现是一种系统宏观特征,系统的涌现特征不能通过将构成主体简单汇总获得,如激光系统的临界相变、蚂蚁寻找食物源时自发探寻到最短路径、经济危机的形成等现象都不是系统构成主体微观特征的简单加总,这一类特征属于典型的系统涌现特征。涌现的来源,即复杂性的来源是复杂系统理论研究的主体内容,从耗散结构形成的开放性、非线性和远离平衡性开始,多样性、层级结构、开放性、非平衡性、不确定性、不可逆性、信息不完全性、不可预测性、非连续性等众多系统特征都曾被学者们界定为复杂性的来源,这一方面说明复杂性系统理论本身相当复杂,也说明复杂系统理论研究仍远未达到成熟阶段。

二、复杂自适应系统概述

复杂自适应系统的核心观点是"适应性造就复杂性",主体适应性行为被视为复杂性的主要来源,系统构成主体通过综合外部环境和自身特征的内部模型不断依据外部环境和自身特征演化调整自身行为,内部个体和整体的行为持续随外界调整和修改,同时众多的主体之间和外部环境反复、相互地作用,形成系统的复杂性,并不断涌现新的特征。因此,对于复杂自适应系统的研究,主体特征就成为探索涌现性的重要组成部分之一。复杂自适应系统的主体行为的适应性,既是复杂自适应系统系统涌现性的来源,也是复杂自适应系统演化的主要动力。但与其他复杂性理论相比较可以发现,复杂自适应系统构成主体并不是"完美"的主体,主体既有可能因为自身决策正确不断提高自身适应性,也可能因为决策失误而消亡。一般来讲,构成复杂自适应系统的主体具有以下特征:

(1)主动性或自主性。主动性是指主体依据环境改变从而产生反应,依据自身预测机制对自己的结构或行为进行调整的性质。这种依据生存环境和自身特征不断调整自身行为的适应性是复杂自适应系统演化的最基本动因。同时,这也导致复杂自适应系统成为研究经济问题最适宜的理论依据。

(2)社会性。主体拥有自身的资源,系统整体外部环境和系统中的其他主体构成了某一特定主体的生存环境,某一特定主体可以通过交换机制与环境产生交互作用,进而实现个体与环境间的交互作用,个体和环境之间的相互作用也就成了推进系统演变的核心驱动因素,同时个体与环境间交互作用的存在,也使得每一个系统构成主体都成了系统整体不可或缺的要素。

（3）应激性。在复杂自适应系统理论下，主体能够针对外部环境的变化及时产生反应，并通过内部模型产生适应性行为，虽然主体可能因为决策失误而消亡，但与耗散结构论、协同学等自组织理论相比，应激性的存在产生了个体间的差异和主体行为的多样性，使得系统构成要素成为"活"要素，大大拓展了复杂性系统理论的研究范围和一般性。

霍兰提出了复杂自适应系统应具备的七个属性（或特征），分别是聚集（aggregation）、非线性（nonlinear）、流（flows）、多样性（diversity）、标识（tagging）、内部模型（internal model）、积木（building blocks）。他还通过回声模型构建了复杂自适应系统演化的一般机制。作为一个整体，复杂自适应系统通过持续进化，不仅带来了多样性，也带动了复杂适应主体与外界的协同和共生性，构成了自己独特的生存模式，从而构成了一个整合性的网络。该网络节点之间通过物质、能量和信息在不同层次、不同尺度方面存在的规则变化产生适应性，适应性的涌现则由异质性、非线性、层次组织、流的综合功能形成多样性、非线性。综合来看，复杂自适应系统演化的基本过程是，具有社会性、主动性和智能性的主体，通过搜集环境信息（包括系统内部环境和系统外部环境两部分）和自身资源特征，利用内部模型进行决策并调整自身行为，不同主体间通过集聚形成介主体，介主体作为一个整体与外部环境进行交互作用并在内部实现资源分配，从而使聚集体产生变化，并且在多层次、多渠道交互后构成复杂的网络，推动信息流、物质流、能量流在系统内部流通，并不断提升流通效能，使得系统整体适应能力不断提升。在系统演化过程中，具有较高适应性的主体（聚集和整合，由积木构成）会进一步构成新的聚集体，从而相互作用，产生新的网络，并进行循环往复的演化，推动系统螺旋生成。

复杂自适应系统理论一经提出便得到众多学科的认可，如何进行复杂自适应系统研究成为该理论的重要组成部分。在复杂性的研究历程中，曾出现众多研究复杂性的方法，例如在耗散结构论和协同学中，由于构成系统的要素具有单一的行为方式，通过数学解析推理成为自组织理论研究的重要手段。盖尔曼、安德逊和阿罗在20世纪80年代提出了从个体到整体、从微观到宏观的自下而上的复杂系统研究方法。此后，复杂系统的研究方法逐步从数学模型向系统仿真转变，以霍兰提出的隐喻方法和兰顿提出的人工生命理论逐步成为复杂自适应系统研究的主流方法，SWARM、NETLOGO、REPAST等众多研究平台不断涌现。

第三节　集群创新理论基础

一、知识进化理论

主体知识进化有三个核心机制：遗传、变异和自然选择。

第一个是遗传——创新惯例。来自生物学的遗传概念主要描述基因的代际遗传所导致的后代生物特征与父代的相似性，从管理和创新的角度来看，遗传主要是指知识基因在企业内的复制以及行为惯例的延续，管理是包括知识信息、技术标准和主体各自的学习模式的综合。知识基因能够通过学习和交流进行复制和变异，从而产生稳定或者惰性，传递稳定的部分和根据外部环境变化产生变异的部分。集群创新主体的演化与生物进化的遗传和变异存在差异性，主体虽然会消失，但是可以借助一定的方式进行传递。

二是变异——创新行为。如果企业市场适应能力下降，创新就成为企业提高市场适应度的必然选择，从知识基因的角度来看，就表现为企业知识基因的变异，即企业通过创新行为实现知识基因改变，进而改变市场适应能力。这一过程将贯穿企业完整的生命周期，变异既有可能提高企业的市场适应能力，也有可能因创新失败而走向消亡。

三是自然选择——市场的宏观影响。达尔文的自然选择机制主要用于描述生物体不断根据生存环境的演化而进化，从而产生特定的新的物种。在集群创新系统内部知识进化过程中，优胜劣汰机制更为复杂，涉及市场和社会多方面的因素，其淘汰机制也不仅仅局限于市场，而是社会、政治和经济的整合。因此，集群创新系统的演化过程可以视为主体借助知识遗传和变异不断适应环境变化的过程，在这一过程中适应能力较强的企业将生存下来，而适应能力较弱的企业将被市场淘汰。

二、合作创新理论

合作创新是指有能力开展创新行为的主体之间，通过共享创新资源和创新信息、实现创新资源互补、提升整体创新能力、降低创新风险的行为和创新的外部性。可以从价值分享和价值创造两个角度认知合作创新。

（一）合作创新价值创造

主体之间的合作创新可以创造新增的价值，包括价值主体、客体和中介，合作创新关注的团体利益，保障参与者的主体利益等。从宏观层面来看，合作创新在保障参与主体利益的基础上，还要满足市场需求，从市场需求角度完善产品设计和生产活动。一般情况下，为了占据竞争优势，企业寻求合适对象进行合作，提高技术研发和产品生产，保障自身利益最大化。从合作创新的组织形式来看，这个组织是长期的，也可以是短期的，在关注合作利益最大化的基础上，并不能保证某一个个体的利益最大化。

（二）合作创新价值分享

合作创新价值分配要保障关系的协调性，保障内部的平衡，同时兼顾公平，使得合作创新能够持续发生。合理的分配规则能够加速价值创造。创新价值的分配是合作主体的博弈过程，其对资源和创新的贡献，在一定程度上能够影响价值的分配。此外，价值分配同样具有社会属性，能够影响社会的良好运作。

合作创新价值分享具有以下特征：

第一，价值分享在创新合作主体中发生。虽然合作方仍具有独立性，但在某一具体的创新合作过程中主体间构成了利益共同体，因此，创新增值的分配只能在创新合作体内部主体间进行。

第二，价值分享是群体决策过程。既然价值分享的方式由主体之间的协商决定，因此，价值分享也类似群体决策的过程，通过群体沟通和协商，进行调整和选择，从而定出最优决策方案。

第三，价值分享的动态性。随着价值创造的变化和合作群体内主体关系的变化，价值分享动态发生改变，随着内部环境和外部环境的改变，协商的谈判能力也发生改变，因此，需要分享方案的动态变化。

第四，价值分享的复杂性。因为涉及多个主体，主体投入的异质性和不可观测性导致价值分享更为复杂，因此，基于复杂程度的分享方案要动态调整，从而解决复杂的分享过程。

三、群体行为理论

群体行为理论主要用于分析智能性、异质性和不确定性的主体集合的整体行为，如人群行为、蚁群行为等，众多复杂性算法多来源于对群体行为的观察和研究，如蚁群算法、传染病算法、元胞自动机以及演化博弈等，曾用来探索由系统内部交互作用对系统整体行为的影响。

（一）群体行为的模拟仿真

基于 MULTI–Agent 的建模方法，通过设计个体行为规则和个体间交互作用规则进而形成虚拟社会，通过外生参数调整探索系统整体行为的演化特征，是人工生命理论和群体行为研究的主要手段。由于该方法较好地反映了主体的智能性、社会性、异质性，复杂自适应系统理论研究中多采用 MULTI–Agent 建模构建人工生命系统，实现对复杂群体行为的模拟，能够解释其行为的内在规则。

（二）群体行为的复杂性来源

1. 宏观层面

第一，结构的复杂性。其主要体现在结构的层次方面，即每一层的结构复杂性，层与层之间的交互影响的复杂性。群体是由多个层次构成的，每一个层次的结构都处于动态演化过程中，都具备形成上层结构的可能性。同时，不同层次之间存在的交互影响其具有不同的功能，因此，层次内和层次之间的结构复杂性易导致群体结构的复杂性。

第二，群体成员之间交互作用的复杂性。交流内容具有复杂性，信息、物质和知识都具有复杂的特征；交互对象的复杂性，不仅包括某一个层次内部，而且包括层次之间的交流，要准确刻画其线性和非线性的交互作用，必须对成员进行详细准确的分析。

第三，群体的开放性。其主要表现为群体与外界环境的关系，群体为自己的发展制定自身的发展目标，并在目标指导下与外部环境进行信息和物质交流，从而带动群体竞争优势的改变。在这种条件下，从有序结构转变为无序状态，最终再回复到稳定状态，群体与环境之间的作用导致群体的开放性。

第四，群体的动态性。群体成员会发生改变，群体行为会发生改变，群体结构会发生改变，因此，整体系统都会发生改变，环境中微小的变动会带来系统的改变，甚至解体，因此，群体具有动态性。

第五，群体的自适应能力。群体由个体构成，如果上升到另一个层面，则视为具备智能的主体，因此会按照目标进行方法组合，形成适应环境的能力。

2. 微观层面

微观层面，主要分析主体自身的需求、动机，并假设主体具有自我理性

（有自身的目标），主体在群体中通过与其他主体交互作用首先尽可能实现自我目标，并可能对自身行为的影响进行预测。

假设存在两个主体，在对对方预测行为的决策中会存在一个多重反复的博弈，从而催生各种结果和现象。如果群体中个体数量众多，那么结构复杂性会在群体行为中逐步显现。

四、网络创新理论

多主体系统一般具备网络结构，需要从网络结构视角分析其内部联结方式。网络是主体利用正式和非正式关系，获取资源，完成目标的所有连接。其内涵包括：第一，由主体、行为和资源三要素构成；第二，具有一定的目的和功能；第三，知识，尤其隐性知识是关键资源；第四，节点之间长期活动；第五，涉及文化、社会关系为基础的关系总和。

（一）创新网络的理论概述

创新网络的研究主要集中在社会学、区域经济学、文化学、生态学五个视角：社会学以结构洞、网络嵌入为基础，分析创新网络对企业绩效的影响；区域经济学以集群、区域创新和网络之间的关系为基础，剖析聚集对创新的影响；文化学从文化角度分析文化氛围对网络创新的影响；生态学分析以主体交互影响为中心。

现有的研究主要是以集成产业网络、社会网络等理论为基础，解决组织内部、跨组织、跨组织层次和跨群体层次的交互影响问题，并将这些问题纳入一个统一的分析框架，解决网络动态演化及对创新绩效影响的机理问题。

（二）创新网络的形成过程

创新网络的形成过程通常是复杂的，受到许多推动的或是阻碍的因素的影响。创新网络的形成或解体是一个不确定的过程，当导致创新的目标无法实现或者成本较高时，成员无法适应网络环境而退出，从而导致网络的解体。当技术处于衰退阶段，成员能够通过网络获得的知识量下降，那么成员之间的关系就会削弱，外部主体进入网络的经济性就会下降。

从复杂性角度看，创新网络的涌现需要一定的步骤：第一，信息的交流和主体对外部产生反应；第二，多个主体发生反应，产生网络连接，从而产生网络，选择机制发生影响；第三，产生约束性规则和边界；第四，主体交互作用产生更高复杂程度的规则和层次；第五，涌现出多层次的、相对稳定的创新网络。

第三章　基于回声模型的产业集群
创新系统演化理论分析

　　经济学家的目标应当在于经济生物学，而不是经济力学。在贝塔朗菲的一般系统论及自组织理论中，系统构成要素基本都没有生命特征，每个元素通过固定的运动规律被动产生行为，进而产生系统整体性。复杂自适应系统由大量具有主动性的元素组成，每个元素依据环境信息刺激进行自我调整以适应环境变化。为表征构成要素的智能性和主动性，复杂自适应系统理论采用主体的概念描述系统构成要素，并认为 CAS 是由规则描述的、相互作用的主体组成的系统，任何适应性主体所处环境的主要构成部分都是由其他主体组成的，主体依靠经验积累通过不断变化行为规则进行环境适应。对于系统整体涌现性，复杂自适应系统理论认为复杂事物是从小而简单的事物中发展而来的，"涌现的本质就是由小生大、由简入繁，少数规则和规律就能产生令人惊讶、错综复杂的系统，尽管规律本身不会改变，但规律决定的事物却会变化，简单规则和规律生成了复杂的系统，而且以不断变化的形式引起永恒的新奇和新涌现现象……涌现的重点都在于那些用于确定模型的规则的选取"[①]。因此，利用复杂自适应系统进行集群创新仿真分析的关键问题是确定集群创新系统的构成主体及主体行为规则。本章的主要目的是在系统挖掘产业集群创新系统构成主体及主体行为基础上，结合回声模型探索产业集群创新演化的一般过程，主体行为规则设置将在下一章展开详细分析。

---

　　① 约翰·霍兰：《涌现：从混沌到有序》，陈禹等译，上海世纪出版集团，2006，第4~5页。

第一节 产业集群创新系统的构成主体分析

一、产业集群创新系统构成主体挖掘

虽然当前学者在产业集群创新系统的内涵、特征、识别、演化周期、演化动力等方面已有丰富的研究成果，但对集群创新系统构成主体的相关研究仍存在分歧。依据是否明确指出集群创新系统构成主体，现有研究成果可划分为两类。第一类研究明确指出集群创新系统构成主体，并分析主体的作用及主体间关系。如姜维军等（2010）认为集群创新系统是研发机构和中介机构基于知识分工协作而形成的具有长期稳定创新协作关系的开放型经济组织。Ivanova 和 Leydesdorff（2014）认为集群创新系统是由大学、产业和政府相互耦合而形成的具有螺旋结构的复杂网络系统。郭利平（2015）认为集群创新系统是由供应商、客户和各种中介组织（如大学、研究院所、金融机构、培训机构）围绕创新活动相互作用而形成的产业集聚体，创新企业和科研机构是创新主体，政府、金融机构、中介组织的作用也不可或缺，其中的关键要素是创新企业。陈晓红等（2013）认为集群创新系统由一定地域内的企业、大学、研究机构、专业科技服务机构等组成。OECD 研究报告《集群创新：国家创新体系的推动力》认为集群创新系统是由企业、研究机构、大学、风险投资机构、中介服务组织等构成的，通过产业链、价值链和知识链形成战略联盟和各种合作的，具有竞争优势的集聚经济和大量知识溢出特征的技术—经济网络。这一概念提出了较为宽泛集群创新构成主体，众多学者在集群创新研究中也多采用这一概念（陈强、王艳艳，2011；解学梅、马国鑫等，2012；朱英明等，2014），并认为集群创新系统形成的前提条件是形成产业集群，集群创新是产业集群发展的高级阶段，集群创新主要通过群内企业技术创新来实现；市场需求是集群创新成功的基础；企业，尤其是专家型公司和核心公司是集群创新成功的创新主体；大学和科研机构是集群创新发展的支撑力和力量源泉；中介服务机构和专业孵化器是集群创新发展的催化剂；风险投资机构和政府是集群创新发展的关键推动力；创新氛围是集群创新成功的无形资源。

与第一类研究明确提出集群创新系统构成主体的做法不同，第二类研究从系统论视角出发，对集群创新系统构成主体进行了分类。Padmore 和 Gibson（1998）提出了集群创新的三要素六因素 GEM 模型，认为集群创新包括环境、

企业和市场三个要素，其中，环境包括资源、基础结构设施，企业包括供应商和相关产业，市场包括内部市场和外部市场。解学梅等（2012）提出了集群创新系统发展三驱动力模型，认为集群创新系统演化构成主体包括集群资源（人力资源和资金等）、集群网络（集群主体、知识共享）和集群环境（政治和经济环境）。陈晓红等（2013）认为集群创新系统构成主体分为四类，包括政府（中央政府和地方政府）、知识中心（大学、研究机构、国家实验室、研究和技术开发公司等）、创新服务业（孵化器、开放实验室、技术市场、科技信息中心、技术评估协会、技术中介组织等）、产业与市场需求（消费者偏好、产品价格、替代品价格、地理位置、季节、质量、品种、预期等）。魏江（2004）在探索 GEM 模型不足的基础上提出了集群创新系统的三层九要素网络模型（如图 3-1 所示）。核心层包括供应商（生产要素的内部提供者）、竞争企业（产品竞争或互补企业）、用户（产品及中间产品需求者）和相关企业（资源、生产要素、基础设施等方面的关联企业）；辅助层包括道路、港口、管道、通信、水电等硬件基础设施，行业协会、企业家协会等集群代理机构，研究开发和服务机构、实验室和大学、人力资源培训机构、金融机构等公共服务机构；外围层包括政府机构、正式和非正式制度规制以及外部市场关系。

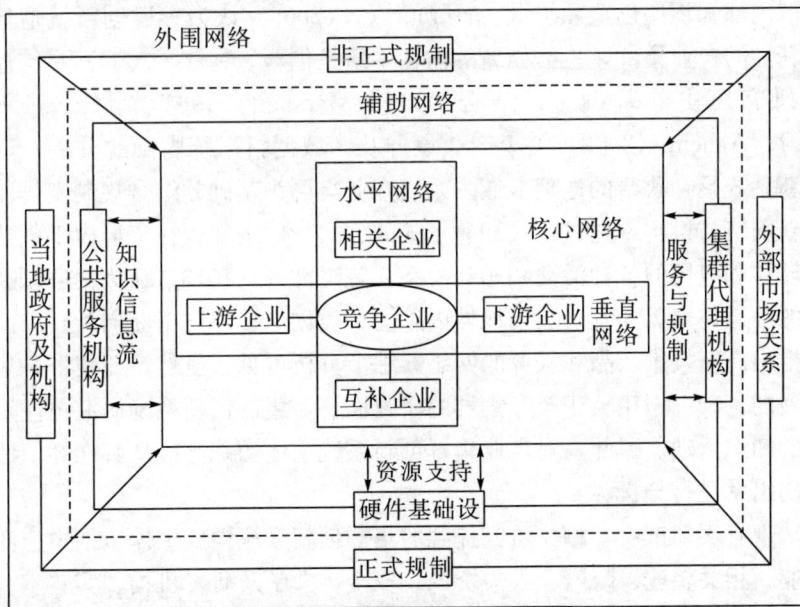

图 3-1 集群创新系统三层网络模型

二、基于创新功能视角的产业集群创新系统构成主体分析

与第一类研究相比，第二类研究集群创新系统包含的主体范围更具一般性，且更加重视市场环境的影响。由于第二类研究将产业集群创新系统构成主体进行了系统分类，相关研究可以依据粗粒化程度不同选择合适的层次，在进行产业集群创新系统分析时也更有助于抓住主要矛盾，本书也采用第二类处理方法，从复杂自适应系统视角对集群创新系统构成主体进行分析。

Liyanage（1995）较早提出了集群创新的概念（部分文献认为 OECD 较早提出了集群创新的概念）。他在发现国家创新系统发展过程中原来的竞争对手逐步开展跨学科联合研发以及跨组织研发现象后，认为创新环境的改变不仅与政策制定者有关，也与产业和技术生产者有关，形成集群创新或创新网络有益于知识系统根植于技术变迁；个体创新仅能对国家技术发展产生有限影响，而集群创新通过资源集中、技术共同使用和提高研发引领地位能够缩短产品生命周期，增加国家竞争力，快速适应技术和市场变化，由大学、企业和政府的有效互动形成的创新网络通过知识创造、产生、扩散、开发利用能够对国家创新体系产生显著影响。Preissl（2003）认为产业集群与集群创新的本质差异在于集群内部知识的创造和扩散。Humphrey（2008）认为集群创新就是具有较强创新性的产业集群，集群创新的内在本质是创新。魏江（2004）在综述创新系统研究历史的基础上，结合 Alfred Marshall（1964）、Michael Porter（1998）、Asheim（2002）关于产业集群及区域创新系统内涵的分析，认为集群创新系统是在狭窄的地理区域内，以产业集群为基础并结合规制安排而组成的创新网络与机构，通过正式和非正式的方式，促进知识在集群内部创造、存储、转移和应用的各种活动和相互关系。陈晓红等（2013）认为集群创新通过畅通的渠道集聚、开发、利用地域内外的各类创新资源，不断向外转移高新技术和推出高新技术产品和服务的网络。综上分析可见，虽然产业集群是集群创新发展的基础，但相较于产业集群的研究而言，集群创新系统研究更注重集群内部的知识活动。因此，对产业集群创新系统主体的确定应从其在知识活动中的作用出发进行分析。

从现有文献来看，相关研究提到的集群创新系统构成主体包括供应商、竞争企业、相关企业、政府、人力资源、资金、大学及研发机构、实验室、研究和技术开发公司、专业科技服务机构、技术市场、技术评估协会、技术中介组织、金融机构、行业协会、企业家协会、培训机构、中介服务组织、交通水电通信等硬件基础设施、市场需求、外部市场关系、正式和非正式制度规制等。

现有研究成果中提及的集群创新系统构成要素部分属于主体的范畴，如企业、政府、大学、各类中介组织及协会等，而部分属于主体行为或主体行为产生的结果，如制度、知识共享等。本书严格遵循复杂自适应系统"主体—主体适应性行为—主体行为交互—系统涌现"的研究逻辑，仅选择具有主动性和智能性、与环境有物质和信息交流、能够产生适应性行为的对象作为集群创新系统主体。

集群创新系统本质上仍是一个经济系统，企业仍是集群创新系统的核心主体，从现有研究成果来看，企业包括集群创新主导产业链上的企业以及相关生产服务型企业，基本上与魏江（2004）提出的核心网络层相对应，但笔者认为，集群创新存在的终极目的不是为创新而创新，集群创新的目标包括增强创新能力和推动技术成果商业化两个方面，集群创新系统整体适应外部环境的重要表现就是提供满足集群外部消费者需要的产品，而集群创新主导产业链上的企业是能满足产业集群创新系统这一功能的唯一一类主体，因此，本书选择的第一类主体是产业集群创新系统主导产业链上的企业，这一类主体在产业集群创新系统中的核心功能是通过对创新知识的开发利用生产出能满足市场需求的集群最终产品。

从集群创新系统中主体与知识活动联系的紧密程度来看，除了第一类主体外，高校、科研院所、实验室以及研究与开发公司也都直接从事集群创新知识的创造、产生与扩散活动，类似于陈晓红等（2013）的知识中心。从现有的案例研究成果来看，第一类主体中的企业也从事创新知识的创造、产生与扩散活动。第二类主体的部分创新功能与第一类主体中的企业可能存在重叠，只不过与第一类主体相比，第二类主体一般不进行创新知识应用活动，本书称这一类主体为知识中心。第三类主体是金融机构和培训结构等非知识创新要素供给者，这一类主体为第一类主体和第二类主体从事创新活动提供金融支持和人力资源支持，本书称这一类主体为非知识要素供给者。从创新知识的创造和应用角度来讲，前三类主体都直接参与产业集群创新活动。第四类主体是技术中介组织、技术评估协会等，这一类主体在集群创新活动中主要起到降低信息不对称的作用，为主体间建立联系牵线搭桥，本书称这一类主体为中介组织。第五类主体是政府、企业家协会、行业协会等组织，这一类主体主要为规范集群内其他主体行为提供正式或非正式规制，政府还可以通过财政、税收等政策手段对其他主体的行为产生影响。同时，第五类主体也可以为其他主体间建立交互作用牵线搭桥，这一点与第四类主体功能相近，本书称这一类主体为规制机构。第六类主体是产业集群创新系统面临的外部环境，一个产业集群创新系统面临的外部环境包括消费者（主要是指产业集群创新系统最终产品需求者）、其他同类产品或互补产品生产者以及重大技术、制度变革等因素，这一类主体类似于魏江（2004）提出的外部市场关系。一个集群创新的发展势必对外部环境产生影响，同时又受到外部环境的制约，在不考虑重大技术变革的情况下，一个产业集群创新系统面临的主要外部影响因素是消费者和集群外的其他竞争企业（或集群），并最终通过消费者的理性选择体现出来。为简化分析，可以将产业集群创新系统面临的外部环境设置为消费者。现有研究中提及的交通、水电、通信等产业集群创新系统中的基础设施部分对产业集群创新的影响也不容忽视，这一类因素直接影响一个集群内每家企业的运营效率和成本，进而影响产业集群创新系统整体竞争力，本书主要针对特定产业集群创新系统的演化发展，不考虑产业集群创新系统之间的竞争问题，因此本书不再考虑这一类影响因素。

第二节　产业集群创新系统主体的行为分析

复杂自适应系统的最基本观点是"适应性造就复杂性"，主体不断适应环境变化的并行演化特征是复杂自适应系统生成复杂动态模式的主要根源。因此，从复杂自适应系统视角进行产业集群创新系统研究，需要探索主体基本行为。

一、企业的行为分析

以亚当·斯密为代表的古典经济学研究的重心是劳动分工对经济发展的影响，各种经济现象都与分工的水平和模式有关。亚当·斯密在经典巨著《国富论》中提出了"劳动分工是财富增长源泉"的历史性论断，并认为分工水平取决于市场规模，生产力的差异是分工的结果。杨格在以李嘉图、赫克歇尔、俄林为代表的外生比较优势理论基础上，提出了内生比较优势理论，认为市场规模大小取决于分工水平，分工水平也受市场规模大小的限制；劳动分工是报酬递增实现的基础；分工带来的报酬递增效应会导致分工不断深化，并最终成为经济发展的原动力。由此可见，在杨格看来报酬递增机制只要能随着分工而实现，社会分工能够自动实现。自瓦尔拉斯和马歇尔之后，新古典经济学研究的重点转向价格制度分配资源的功能，以纯消费者和厂商的绝对分离为基础，社会分工结构是外生给定的，这就意味着企业是外生给定的，在经济理论需要研究前企业已经存在。以杨小凯等为代表的新兴古典经济学以超边际分析为工具，进一步发展了斯密和杨格的劳动分工理论，企业起源问题再次进入经济学视野。虽然企业是劳动分工的一种表现形式，但目前文献一般认为企业起源问题的探索始于科斯的《企业的性质》一文。科斯关于企业与市场的关系判断主要依据交易费用，企业存在是企业内部交易费用与市场交易费用权衡的结果，其理论试图揭开企业作为一个投入产出系统黑匣子的内涵，并得到不断发展。张五常在《企业的契约性质》一文中对科斯的理论做了进一步分析，认为企业不是为了取代市场，而是用要素市场替代产品市场。在新兴古典经济理论看来，分工经济是企业经济存在的必要条件，但却不是充分条件，另一个必要条件是劳动的交易效率高于中间产品的交易效率，企业是以劳动市场代替中间产品市场。李雷鸣（2004）从不同企业类型分析入手，认为交易费用是多环节企业存在的原因，劳动协作效应是多人单一企业存在的原因，如果不存在交易费用和结合劳动协作效应，只能存在单人企业。黄文富（2006）从分析企业和市场的关系着手，认为企业的出现不是替代了产品市场，而是创造了要素市场，企业绝不是为了节省交易费用而出现，对利润的无止境的追逐才是企业的本质。肖卫平（2006）认为企业取代的对象并非市场而是单干经济，企业存在的依据在于企业比单干经济既能节约交易费用也能节约生产费用，并且生产性企业主要节约生产费用，商业企业主要节约交易费用。综上可见，正统经济理论对于企业出现的根本原因仍归结为成本节约（涵盖交易费用的降低）或者利润提升（涵盖规模报酬递增的实现）。

Becker 和 Murphy（1992）从专业化带来的协调成本与知识增长角度进一步探索了分工与经济增长问题，认为专业化程度受协调成本以及可获得的知识水平影响，专业化在获取规模递增收益的同时会增加协调成本，若知识存量不发生变化，经济系统存在最优分工水平；若经济系统中的知识存量随着专业化程度加深不断增加，知识积累可以降低协调成本，进而使得分工不断演进，知识存量改变与专业化分工之间相互影响，劳动分工深层次上是一种知识分工。哈耶克在《经济学与知识》一文中首次提出了知识分工的概念，并认为知识分工问题与劳动分工问题非常相似，起码具有同等的重要性，是作为社会科学的经济学的中心问题。沿着哈耶克的知识分工理论，学者们从知识视角对企业的本质进行了深刻分析。袁中华等（2016）认为劳动分工的实质就是知识分工，知识分工带来的知识积累、效率提升是劳动分工专业化收益的主要来源，拥有分立性或互补性知识的个体通过交流互动进行知识资源的扩散、整合与创新，实现知识资源优化配置，是知识分工的基本动因；只有将个体掌握的分散知识进行整合才能最大限度发挥知识的作用，而知识分工水平受到自身知识结构和合作协调成本的限制。由此可见，从知识分工角度来看，企业的边界在知识整合收益与内部协调成本相等的临界点，Grant（1996）甚至认为企业的本质就是通过知识整合以创造价值。

企业作为市场的重要组成部分，其功能纷繁复杂，完整探索企业功能非本书所能完成，本研究的重点是探索创新问题。在知识经济时代，企业价值创造的主要来源从传统的物质性生产资料向知识以及融合了知识的复合生产要素转变，企业价值创造的空间从内部延伸至企业外部，系统的知识整合能力成为企业最重要的能力，企业是产业集群创新网络系统直接的参与者和实施者，从知识视角，本研究将其行为界定为知识学习、创造、存储、扩散、整合功能。其中，企业知识学习可以通过"干中学"逐步积累，也可以在与知识中心的机构进行合作研发过程中进行学习，还可以在同侪生产过程获取其知识溢出。企业学习的知识片段首先存储在企业内部，但不经整合的知识片段难以创造生产力，因此，企业还需要整合内部知识片段，以形成能支撑企业生产的知识链条，进而提高产品创新性。

二、知识中心的行为分析

高等院校及科研院所对产业集群创新的作用屡被学者们提及。波特（1990）在论述钻石体系中生产要素的培育模式时曾指出，真正重要的竞争优势必须借由高级、专业型、具有创造和提升动力的生产要素才能达到，要拥有这样的生产要素，投资过程会变得很复杂，各国对专业型生产要素并非均衡投资，而是随着社会或个人的关注形成产业间的明显差距。如丹麦拥有 11 所农业大学，在发酵技术和生物科技有举世闻名的卡尔斯堡研究中心以及多家专业化家具设计机构；荷兰在花卉培养、包装、运输等方面的专业研究机构多如过江之鲫。斯坦福大学对硅谷的影响，波士顿大学、麻省理工学院等对 128 号公路发展的影响，清华大学、北京大学、中科院对中关村发展的影响，印度理学院、班加罗尔大学、印度科学院、国家软件科技中心等对班加罗尔信息产业集群的影响。这些众多的案例说明高校、科研院所等知识中心对产业集群创新系统发展的重要作用。

企业的重要功能之一是知识片段整合，哈耶克在论述自生自发的社会秩序系统时曾指出："环境的知识乃是由众多的个人分散掌握的。"因此，企业知识整合过程也就表现为汇聚掌握知识片段的人才，并使分立于个人的知识片段形成知识系统。中共中央国务院印发的《关于加强和改进新形势下高校思想政治工作的意见》指出，高校肩负着人才培养、科学研究、社会服务、文化传承创新和国际交流合作的重要使命，从高校科学研究的功能来看，高校本身就是高素质人才的汇聚之地，通过科学研究将产生大量新理论、新方法和新技术，进而增加区域知识储量，是其所在产业集群创新网络区域的知识源泉之一。同时，高校还肩负着人才培养和社会服务的重任，通过人才输出可以将高校创新知识片段有效传输给产业集群创新网络中的企业，高校通过成果转化、决策咨询、科技推广培训等社会服务形式，既可以在产业集群创新网络内兴办知识型企业，直接参与面对环境的创新，也可以通过知识溢出、战略合作等途径，实现知识扩散。因此，在本研究中，高校和科研院所在产业集群创新网络中的行为可设置为知识创新、存储、扩散。需要说明的是，产业集群创新网络中的科研院所、研发设计机构等虽然不承担人才培养功能，但从知识创造等角度来看，其具有与高校类似的功能，故后文不再加以区分，统称这些主体为知识中心。

三、非知识要素供给者的行为分析

非知识要素供给者是指为集群内的企业或知识中心提供金融支持、资源、交通运输、水电通信等非知识生产条件的机构，类似于魏江（2004）提出的相关企业和辅助层中的部分机构。虽然产业集群与集群创新存在众多区别，但大多数集群创新都源于产业集群的演化升级，在产业集群经历萌芽、成长、成熟阶段后，要么成功转型升级为集群创新，要么出现集群衰退。集群创新的萌芽阶段与产业集群的成熟阶段是重合的，在成熟阶段的产业集群中，基础设施较好，普通劳动力资源一般比较丰富，但随着集群创新发展，风险投资也随之集聚发展。如在中关村、硅谷、剑桥科技园以及新竹科技园等集群创新内专业性风险投资机构林立，风投机构与集群创新内企业的良性互动成为区域科技创新和增强经济竞争力的强大引擎。为简化分析，本研究不再考虑除金融支持外的其他非知识要素，至于金融机构的行为，则简化设置为其向企业提供金融支持。

四、政府及各类协会的行为分析

在古典经济学理论中，一般认为政府是市场"守夜人"，政府干预经济的目的主要是弥补市场失灵。对于产业集群创新系统来讲，政府对于公共品的供给、维护合理的市场秩序、规制外部不经济等行为都属于政府弥补市场失灵行为；但从世界各地产业集群创新系统的发展来看，政府在集群创新发展中的作用不仅仅局限于"守夜人"的角色，集群创新演化路径有自下而上的市场自组织模式、自上而下的政府主导模式两种基本模式，而这两种模式区分的主要依据产业集群创新系统培育机制的差异，自上而下模式由政府力量驱动培育，自下而上模式由市场力量驱动培育。郑小勇（2010）在系统分析 Bresnahan 等（2002）、Fromhold-Eisebeith 等（2005）的观点后，系统总结了政府在不同产业集群创新系统发展模式中的作用：在自上而下的政府驱动型发展模式中，政府通过市场培育、提高集群创新开放度、加强教育投资、为培育技术工人创造环境等手段为产业集群创新系统发展创造条件，通过财政税收手段为集群创新发展提供资金支持、通过吸引外部资金支持创立新企业、强化区域基础设施建设、为企业与其他机构间的联系创造条件，并通过产业调整政策和发展政策为集群创新发展保驾护航；在自下而上的市场驱动型发展模式中，政府不设置国家优先权，主要促进其他成员之间以创新为导向的合作，培育创新创业文化，增强主体之间的凝聚力，强化对基础研究的投资，为集群创新提供风险规避和法律服务。如美国的《专利法》《技术扩散法》《技术转移法》《知识产权法》等系列法律法规为知识产权保护、技术扩散与转移提供了法律保障，对集群创新的形成发展产生了深远影响。虽然对政府在集群创新发展中的作用仍存在争议，但两种模式都存在成功的案例，如中国台湾新竹、印度班加罗尔、韩国大德等集群创新（自上而下的政府驱动型模式），以及美国硅谷、日本驻波等集群创新（自下而上的市场自组织模式）。因此，政府是产业集群创新系统中无法忽视的主体。

Michael Porter（1990）对政府在产业集群中发展的作用做了较深入的分析。他认为，政府即使拥有最优秀的公务员，根本不可能以产业参与者的角色跟上市场变动的步调，也无法依赖扭曲市场的政治力量来做决策。这是由于，一方面，反托拉斯法有助于国内竞争对手的崛起，法律法规可能改变国内市场的需求状况，教育发展可以改变生产要素，政府保护收购可能刺激相关产业兴起；另一方面，政府政策也受到环境中其他因素的影响，即政府政策的影响力固然可观，但也需要其他关键要素的搭配，政府本身并不能帮助企业创造竞争优势。因此，政府既可能是产业发展的助力，也可能是障碍。产业政策的角色就是刺激产业、鼓励发展，而政府的政策也应该以创造产业发展环境为目标。在这个环境中，厂商可以寻求更精密的技术，并渗透到更先进的产业区间，政府政策也应该影响企业放弃缺乏生产力的产业或产业环节，而走进更高生产力的产业，政府该做并真正有助于产业的是创造生产要素，制定鼓励竞争、提升需求质量等政策。对于集群创新系统来讲，最重要的生产要素就是知识，而政府并不能直接作为知识的生产者，在前文设定的产业集群创新系统主体中，第一类主体和第二类主体是产业集群创新知识的直接生产者，依据波特的分析，本研究将政府角色定位于第一类主体和第二类主体的支持者，以及产业集群创新系统创新方向和创新能力的协调者。

国务院办公厅发布的《关于加快推进行业协会商会改革和发展的若干意见》（国办发〔2007〕36号）指出，行业协会的主要功能包括作为政府和企业间的桥梁和纽带、加强行业自律、服务企业、帮助企业开拓国际市场。2015年，中共中央办公厅、国务院办公厅发布的《行业协会商会与行政机关脱钩总体方案》再次明确"提升行业协会商会专业化水平和能力，更好地为企业、行业提供智力支撑，规范市场主体行为，引导企业健康发展，促进产业提质增效升级"。由此可见，行业协会和政府在目标上有明显的一致性，其差异在于分工不同，政府为所有市场主体服务，而行业协会仅服务于某一行业的市场主体。本书的研究目标仅局限于一个特殊的产业集群创新系统，在此不再区分政府与行业协会的行为差异。

五、外部环境主体的行为分析

如前文所述，本研究的外部环境主体主要是指消费者，消费者在区域经济发展中的作用很早就得到经济学家的重视。关于生产和需求的关系在经济理论中已有丰硕的研究成果，一般认为一定的生产决定一定的消费，但生产是由需求引发的，生产的最终目的是为了满足消费需求，生产与消费之间相互决定。在产业集群理论研究中，马歇尔、迈克尔·波特、克鲁格曼等众多大家都谈到了需求尤其是本地需求对产业集群形成的重要影响。马歇尔在探索产业集群（在马歇尔的原著中称为"地方性工业"）起源时指出，聚集在宫廷的那群富人需要特别高级品质的货物，这就吸引了熟练的工人从远道而来，而且培养了当地的工人[①]。迈克尔·波特在论证钻石体系时认为需求是产业冲刺的动力：国内需求市场是产业竞争优势的第二个关键要素，内需市场借着它对规模经济的影响力而提高了效率，内需市场更重要的意义在于它是产业发展的动力，它会刺激企业改进和创新；本土客户对产品、服务的要求或挑剔程度在国际间数一数二，连带会激发该国企业的竞争优势，假如客户本身也是企业，更会创造出

---

① 马歇尔：《经济学原理》，朱志泰、陈良璧译，北京出版社，2007年，第69页。

彼此共同开发的机会，内行而挑剔的客户是本国厂商追求高质量、完美产品造型和精致服务的压力来源①。克鲁格曼（1991）认为产业集聚主要依赖于收益递增、运输成本和需求的相互作用，需求的外部性是推动产业集聚的重要力量，制造商想定位于市场最大的地方，而市场最大的地方又正是制造商选择定位的地方。与克鲁格曼一般性的论述需求集中对产业集聚影响不同，在马歇尔和波特的论述中已经隐现消费需求对集群创新形成的影响，无论是马歇尔的"高品质消费的宫廷"，还是迈克尔·波特的"挑剔的客户"，都表述了高品质需求对产业集群创新的影响，如果集群能满足高端需求，就意味着创新能力已经达到较高水平，势必能满足一般需求。同时，高品质需求也是企业创新的方向和压力来源。因此，本研究将消费者行为定位为创新的方向器与创新产品的检验器，所谓创新的方向器是指集群内企业可以通过调研获取消费者的需求信息，以寻找创新的方向；所谓检验器是指创新产品通过市场最终检验，以判断产品的品质，即创新性。

第三节　产业集群创新系统的复杂适应性分析

利用复杂自适应系统的相关方法研究产业集群创新系统相关问题，需要明确产业集群创新系统是否是一个复杂自适应系统。自复杂性理论研究开展以来，复杂性的来源一直是系统理论探索的重要问题。以普里高津为代表的耗散结构理论重点强调了在满足远离平衡性、非线性和开放性的系统中随机涨落带来的对称破缺。与耗散结构论同属自组织系统理论的以哈肯为代表的协同理论重点关注非线性和开放性，并认为系统宏观有序结构出现的关键不在于系统是否远离平衡，而在于开放程度和非线性交互作用。霍兰在《隐秩序——适应性造就复杂性》一书中提出了所有复杂自适应系统通用的 4 个特性和 3 个机制（即通常文献中的 7 个基本点，在霍兰的文献中有的地方也称之为 7 个特性），4 个特性分别为聚集、非线性、流、多样性，3 个机制分别为内部模型、积木和标识。复杂自适应系统利用标识机制来操纵对称性，是为实现聚集和边界生成而普遍存在的一个机制，能够促进主体间有选择的交互作用，从宏观来看，标识机制势必产生宏观结构的对称破缺；从微观上看，标识机制的存在势必导致系统偏离平衡。虽然 CAS 7 个基本点中没有明确提出开放性，但是在流特

---

①　迈克尔·波特：《国家竞争优势》，李明轩、邱如美译，华夏出版社，2002 年，第 81、84 页。

性的研究过程中，CAS 系统中的流不仅包括系统内部主体间存在的流，也包括系统与环境交互作用产生的流。因此，满足 7 个基本点的 CAS 系统必然也是开放系统。鉴于此，下文从霍兰提出的 4 个特性和 3 个机制出发，探索产业集群创新系统的复杂自适应性。

一、集聚

在 CAS 系统中，集聚有两层含义：其一是物以类聚，将具有类似特征的主体或行为看成是等价的，以简化复杂系统的分析；其二是 CAS 系统内部主体间的协调机制，部分主体通过集聚粘合成所谓的介主体，介主体间再通过集聚产生更高一级的主体，通过层层集聚，逐步形成复杂自适应系统的层级结构。依据研究过程中设置的主体粗粒化程度不同，集聚过程存在一定区别。依据前文关于产业集群创新系统主体的界定，本研究中系统构成要素的最小单元为机构，亦即企业、规制机构、非知识要素供给机构、知识中心、中介机构等，不再深入探索各类机构内部层级机构的集聚过程。在此粗粒化程度下，产业集群创新系统内部层级结构仍然十分清晰，最高一级结构为企业、规制机构、非知识要素供给机构、知识中心、中介机构等主体类间通过交互作用形成的集聚。在每一类主体内部，仍存在不同的亚类，例如在企业类中，依据创新方式不同，存在自主创新企业、模仿创新企业和合作创新企业等不同类别，这些类别内的企业通过竞争或合作形成一个整体。由此可见，产业集群创新系统完全满足 CAS 系统的集聚特性。

二、非线性

非线性是所有复杂系统的共同特性，非线性特性的存在，既是自组织理论中涨落推动系统由无序结构向有序结构演化的基本机制，也是复杂自适应系统在"杠杆支点"处微小输入导致系统产生巨大变化的原因之一。在产业集群创新系统中，非线性至少表现在两个方面：一是创新主体状态变化及状态变量间关系的非线性。以企业的技术水平为例，企业要提高一项技术的技术水平，其增长量不仅与当期投入资源有关，也与前期技术水平有关，考虑到技术水平存在上限，在不同时期同等资源投入量产生的技术水平增量不会完全相同，基本呈现 S 形变化趋势。二是主体间交互作用的非线性。产业集群创新系统内部主体间的交互作用关系有两大类：其一是规制机构与其他主体之间的规制与被规制关系，其二是企业、知识中心、非知识要素供给机构等主体间的竞争-合作关系。以企业间的竞合关系为例，企业间竞合过程是一个典型的捕食—被捕食过程，这一过程具有明显的非线性特征。由此可见，产业集群创新系统满足CAS系统的非线性特征。

三、流

与还原论背景下的系统理论不同，整体论背景下的系统理论着重强调了要素间交互作用对系统演化的影响，而要素间的交互作用势必导致流的存在。在产业集群创新系统中普遍存在知识流、信息流、货币流和产品流。主体间的合作研发、知识模仿等行为带来了知识流，主体间的联合研发、企业专利购买、企业向金融机构融资等行为带来了货币流，企业向消费市场供给产品带来了产品流，企业间市场信息交换以及创新知识搜索带来了信息流。但需要说明的一点是，这些流是产业集群创新系统存在的必要条件，如果这些流全部消失，就意味着产业集群创新系统内部主体间以及主体与外部环境间交互作用的灭失，产业集群创新系统也将不复存在。因此，作为一个现存的产业集群创新系统，势必满足 CAS 系统的流特性。

四、多样性

CAS 系统理论的核心思想是适应性造就复杂性，在 CAS 系统中每一个主体所处的生态位决定于与其他主体的交互作用，一旦某一个主体开辟了可以被其他主体通过调整相互作用加以利用的新的生态位时，多样性就产生了。这就意味着在 CAS 系统中一旦有一个主体探索到可以提高适应度的生态位，其他主体就有可能通过模仿进入新的生态位。在产业集群创新系统中这一过程也同样存在，一旦有一个主体探索到一个新市场或新技术，其他企业也会通过模仿创新进入这一市场或采用新技术，这也是产业集群创新系统中技术的扩散过程。CAS 系统理论中生态位多样性背后隐藏的是系统主体行为的多样性，就产业集群创新系统而言，主体行为多样性是明显的。以企业创新行为为例，在同一时期，企业有可能选择激进式创新，也可能选择渐进式创新，创新策略也有自主创新、模仿创新和合作创新等众多可能。因此，产业集群创新系统满足CAS 系统的多样性特性。

五、内部模型机制

在 CAS 系统理论中，内部模型机制主要用于说明系统主体具有依据外部环境信息调整自身行为的能力，即预知能力。内部模型包括隐式内部模型和显式内部模型：隐式内部模型主要用于描述对期望的未来状态的隐式预测，仅为主体指明一种当前行为，例如细菌会向某种化学梯度变化的方向运动，隐约预测出食物所在的方向；显式内部模型主要描述前瞻预测过程，在这一模型中，主体在进行行为选择时会进行明显的内部探索过程，例如棋手在移动一个棋子前会判断所有可能着法的后果，并选择最优着法。内部模型主要说明系统主体的智能性，在产业集群创新系统中，无论是企业、知识中心、非知识要素供给机构还是政府，都是由人构成的集合，预知未来并做出判断本质上就是主体对未来的决策，这一机制在产业集群创新系统各类主体中普遍存在，例如企业会依据市场价格变化判断市场竞争程度。

六、积木机制

积木机制主要用于解决 CAS 系统更新有限样本与内部模型情景反复出现之间的悖论，通过积木机制可实现复杂事物的有限元素分解，也可将复杂现实现象抽象为理论问题，例如一件复杂的产品可分解成有限的组成部件或抽象为有限的知识要素。类似于内部模型，在产业集群创新系统中积木机制也同样普遍存在，例如企业在产品创新过程中会将产品分解为有限功能的有机耦合，又如将复杂的计算机分解为数据处理功能、数据存储功能、数据传输功能、控制功能，并通过各功能实现技术的不断创新，推动计算机更新换代。在企业决策过程中也同样存在积木机制，例如企业面临发现新市场、资本不足的情况时，主要利用（发现新市场进入、发现新市场不进入、资本不足内部积累、资本不足寻求合作）四个积木块构建内部模型。

七、标识机制

在 CAS 理论中，标识机制主要用于操纵主体间的对称破缺、推进主体间有选择的交互作用，本质上是为了提高主体间交互作用的效能。在产业集群创新系统中，标识机制主要表现为能促进主体间交互作用的主体特征，例如在主体类型标识（一个标识为知识中心的主体）下，企业在寻求提高生产技能的合作伙伴时，一般不选择这一类主体，因为知识中心一般不直接进行生产活动的特征在主体类型这一标识下被所有产业集群创新系统主体所认知；又如在知识水平标识下，一个企业寻求模仿对象时不会选择技术水平低于自身的其他主体。因此，标识机制避免了主体间交互作用的盲目性，通过提高交互作用效率来提高系统整体的环境适应性。

综上所述，产业集群创新系统满足复杂自适应系统的聚集、非线性、流、多样性4个特性和内部模型、积木和标识3个机制，是一类典型的复杂自适应系统，可以采用复杂自适应系统的研究方法，探索产业集群创新相关问题。

第四节 产业集群创新系统的涌现机理分析

一、回声模型简介

（一）微观模型：适应性主体的一般描述

依据霍兰的研究成果，一个适应性主体包括执行系统、信用分派系统和规则发现。对于描述适应性主体的规则，应该满足三个标准：其一，规则必须使用单一语法描述所有的 CAS 主体；其二，规则的语法必须规定主体间所有的相互作用；其三，必须有一个可接受的程序以适应新的调整规则。

一般来说，主体通过刺激的分类来感知环境。通常情况下，主体被刺激所包围，它收到的信息比能够使用的信息要多得多，那么主体的第一个任务就是过滤周边环境产生的大量涌入的信息，因此，主体需要有一个探测器，以感知环境的特殊性质。主体在感知外部环境信息后会对信息进行处理，一般通过一组 IF/THEN 规则进行描述，主体行为会对外部环境产生影响，一般利用效应器来描述适应性主体行为对环境作用的能力。例如，在产业集群创新网络中，主体为了实现创新目的，会在环境中搜索创新知识、创新方向等信息，一旦主体搜索到外部环境共享且自身不具备的知识，就可能会产生知识学习行为，如果主体吸收了这一部分知识，那么就会导致集群创新内知识分布变异缩小。适应性主体执行系统基本架构如图3-2所示。

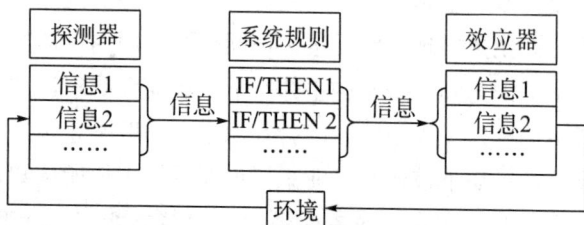

图3-2 适应性主体的执行系统

执行系统刻画了适应性主体在某一固定时点上的信息处理能力，适应性主体运行一次，执行系统仅调用一个系统规则，但同样信息对应的系统规则不止一个，例如面对另一个产业集群创新网络主体发出的合作邀约，主体执行系统中的规则将会有合作与不合作两条系统规则，在同样的外部环境和主体自身能力条件下，采用不同系统规则后，主体的适应度会存在差异。因此，适应性主体必须具备规则学习能力，为能够给企业创新带来较大益处的规则赋予较大的强度，以反映规则对于企业创新的有用性，在经验基础上修改规则强度的过程通常称为信用分派。对于直接起作用的规则其强度将直接增加，例如企业在缺乏创新资金时，如果存在金融支持机构，就选择与金融支持机构合作，这一规则由于创新企业可以直接获益，将会自动增强规则强度；但前期行为需要在后期一段时间内才能产生有益结果的规则，信用分派就存在较大难度，例如企业自主研发行为前期需要大量投入，且在短时间内难以获得经济效益，这种行为规则的信用分派就需要考虑最终结果。

主体如何发现应对统一环境下的最优行为规则，也是主体适应环境的重要一环，例如一个创新资源匮乏的企业在进行创新行为决策时，第一步需要决定资源的获取方式（可以选择内部积累，也可以选择获取外部资源支持），第二步是在进行创新决策时首先需要考虑的是要不要进行创新。仅此两个行为的简单选择，就能产生四条行为规则。现实中，一个企业在进行创新决策时需要考量的因素纷繁复杂，规则空间中可能的规则数量巨大，企业不可能逐条进行试错。由于有限理性和不完美信息的制约，企业也难以直接通过系统优化方法探寻最优规则，在很多时候对于新生成的规则多采用"貌似真实"加以确认。在大多数情况下，貌似真实性由于使用经过检验的规则积木而产生。针对上述例子，如果金融支持环境优良，经过企业不断学习，通过信用分派机制的动态演化（与金融机构合作、采取创新行动），这一规则的强度可能会不断提升，并被优先采用。

（二）宏观模型：回声模型

CAS系统中主体之间的交互活动受制于从学习和长期适应中产生的期望，一个特定主体的各种活动的效用在很大程度上依赖于其他主体提供的、不断变化的情景，适应度无论如何定义都与情景相关，且不断变化。

霍兰在《隐秩序》一书中提出了回声模型的六个基本判据：其一，回声模型应尽可能简单，与其他判据相容，通过限制回声模型中适应性主体的行动范围和交互行为，各主体只保留最原始的内部模型；其二，回声模型应该能够描述和解释主体在宽泛的 CAS 环境中的行为，特别是能研究分布在不同空间且具有流动性的主体之间的交互作用，能够为不同地点的主体分派不同的输入；其三，回声模型应有助于进行适应度进化的实验，适应度应依赖于主体所处的地点及其他主体的行为，并随系统的演化而改变，而不是作为系统外生因素被固定；其四，回声模型中最基本的机制应在所有 CAS 系统中有现成的对应物，保证对结果的解释与对机制的现成解释相一致；其五，回声模型应该尽可能容纳一些特定的 CAS 模型，避免"目击者"式的解释；其六，回声模型应尽量在各方面都经得起数学分析的考验。

回声模型是一个由位置网络表示的地理环境，每个位置都包含若干资源和主体。资源可以更新，为适应性主体设置"仓库"，以存放主体通过环境和其他主体所搜集的资源；主体包含一个由资源组成的表示其能力的染色体。为了繁殖，主体必须通过交互活动收集足够的资源，以便复制其染色体。一个主体与其他主体交互作用的能力取决于染色体字符串片段中定义的标识。

在回声模型基础模型中，个体染色体包括进攻标识和防御标识。进攻标识主要用于与其他主体的联系和接触，主要作用是探查其他主体中是否有该主体所需的资源；防御标识主要用于判断是否对其他主体发出的互动关系进行应答。通过进攻标识和防御标识的匹配得分，确定主体间的资源交换水平。当两个主体相遇后，一个主体的进攻标识与另一个主体的防御标识进行匹配，如果匹配得分较高，那么这个主体就能获得对方大部分的资源，甚至可以获取其染色体上面的资源从而消灭对方；如果一个主体的进攻标识与另一个主体的防御标识匹配得分较低，那么这个主体只能获得对方库存中过剩的那部分资源，或者一无所获。

由于基础模型难以实现复杂层次结构的涌现，模型扩展部分加入了交换条件、资源变换、黏着标识、选择性交配和条件复制 5 种机制。拓展后的模型中，染色体分为标识段和控制段两部分。标识段包括进攻标识、防御标识和黏着标识，控制段包括交换条件、交配条件和复制条件、资源变换和活动标记。

交换条件的目标是为每个主体提供拒绝与其他主体进行交换的可能性，通过为染色体控制段添加交换条件以检验另一个交互主体染色体中的进攻标识。交换条件的使用方法是：当两主体相遇时，先检查每个主体的交换条件与另一主体进攻标识的匹配情况；如果两个主体的条件都满足，就进行资源交换；如果两个条件都不满足，交互活动终止；如果一个主体满足交换条件，另一主体不满足，不满足交换条件的主体有机会逃离交互活动。

资源变换的目的是赋予适应性个体将资源变换为新形式的能力，尤其是对资源短缺的主体，资源变换为其提高生存能力提供了机会。另外，在分层多主体系统中，资源变换也为主体间分化提供了可能。

黏着提供了形成多主体集聚体的方法，主体通过选择性的相互黏着，能够形成"层次"；集聚体能够作为一个整体进行运动和交互活动，集聚体中的单个主体通过代代相传可以逐代适应，并充分利用集聚体中其他主体提供的特定环境。集聚体中一些主体可以专门进攻或防御，另一些主体专门搜集资源，如果两类主体能够合理进行资源交换，集聚体适应环境的能力将会大大提升。回声模型通过增加黏着标识实现有条件黏着。为避免同类型主体的黏着，每个主体的黏着标识与另一个主体染色体上的进攻标识进行匹配，然后计算匹配得分，如果每个主体的得分都接近 0，则不会发生黏着；只要其中一个主体的匹配得分不接近 0，黏着就会发生。

选择性交配为主体提供了一种从若干配偶中选择配偶的方式，每个个体只与选中的配偶个体进行交换，类似于资源交换和条件黏着，通过在主体染色体控制段增加交配条件来实现选择性交配。一旦主体搜集到足够的自我复制资源，就开始寻找配偶；两个主体的标识调节的选择性交配条件都得以满足，交配就能够进行；只要有一个交配条件不满足，交配就会终止。

条件复制主要探索生物体在发育过程中从单一细胞发育成具有丰富细胞类型的多细胞生物体问题，重点实现形态发生过程中的对称破缺问题。在多主体区室间通过接触点进入交互状态后，多主体区室内部主体间实现资源共享，复制条件主要决定主体区室的复本。

图 3-3 为本书拟采用的一个拓展回声模型的示意图。

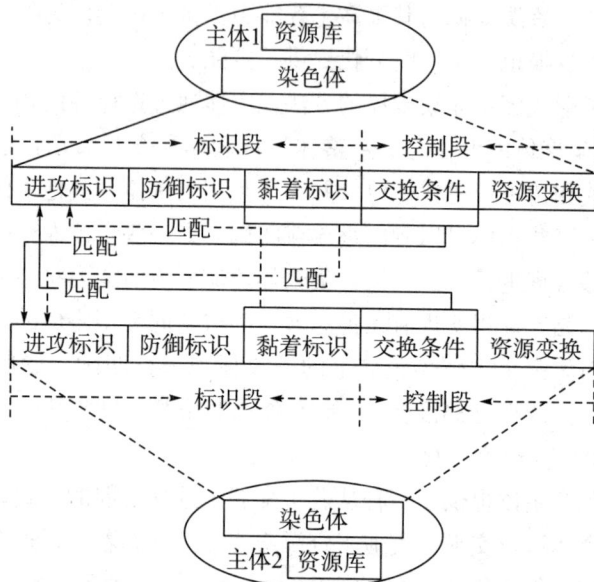

图 3-3 适应性主体结构及主体间基于回声模型的交互作用示意图

(三) 回声模型仿真基本流程

回声模型的核心是某些位置处于主体之间的交互活动，交互活动实现的必要条件是接触。霍兰将主体间的接触划分为交换接触和交配接触。交换接触主要涉及交换交互作用和黏着交互作用，首先检查交换条件，如果两个主体的交换条件都满足了，就进行一个主体的进攻标识与另一个主体防御标识的比较，计算匹配分数，然后分配交换资源；如果只满足了一个条件，那么条件不满足的主体就有可能终止交互；当两个条件都满足时，交互作用就继续进行；如果两个条件都不满足，交换交互终止。一旦交换作用完成，主体间可能进行黏着检验，其中一个主体的黏着标识与另一主体的防御标识进行匹配比较，计算净匹配得分，并根据匹配程度调整边界。

交互作用构成了回声模型的核心。在组织涌现方案中，回声模型考虑了突变对组织演化的影响，并认为突变是产生较大多样性的第一步。当交换和突变产生条件黏着标识时，更复杂的组织开始突现；当主体后代黏着于其中一个标识时，从单个主体向种群集聚体的演化过程就开始了。通过黏着分数的估算，某些后代形成内部边界，分层和组织复杂性增加，出现特化的机会，例如外部主体专门进行进攻、防御交易活动，而内部主体专注于将富余资源变换成短缺资源。另外，回声模型还考虑了主体从环境中吸收资源、死亡、迁移等基础活动。

回声模型基本的模拟流程如图 3-4 所示。

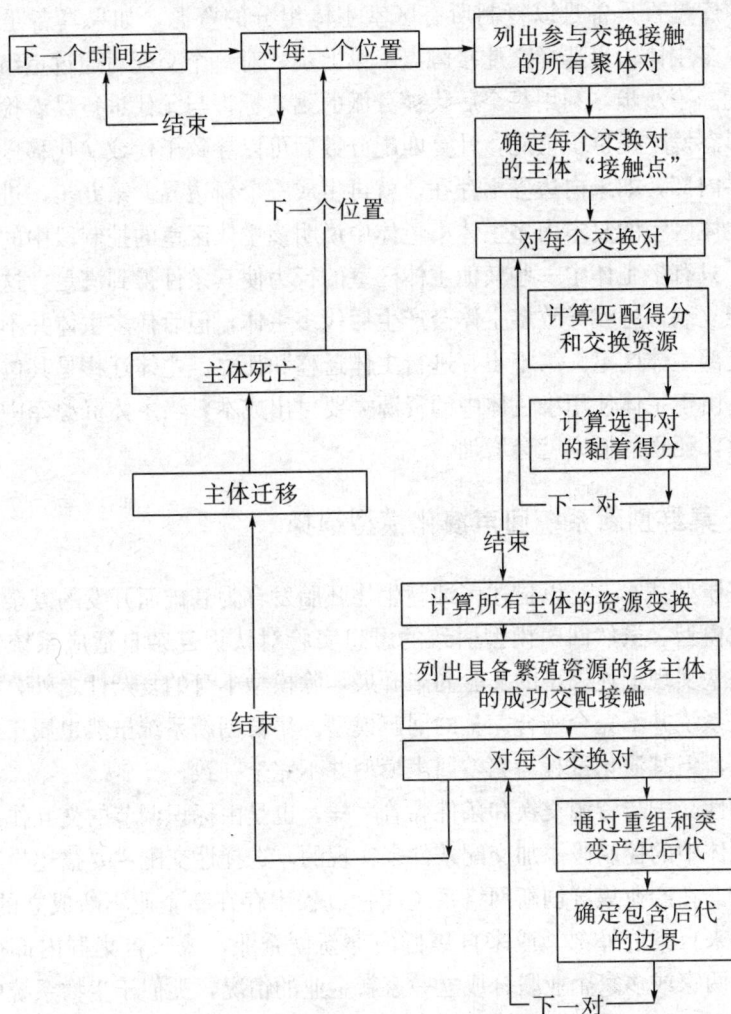

图 3-4　回声模型模拟基本流程

第一步，从位置所在的主体目录中随机选择一个主体，然后从第一个主体的交互域中随机选择第二个主体。第二步，确定交互作用接触点（在考虑条件复制后，回声模型将单个主体成为主体区室，在多主体交互作用时，位于多主体边界被选中进行交互作用的主体区室成为接触点）。第三步，检查选中的交换对的交换条件，并依据交换条件使用方法进行资源交换。第四步，交换交互作用完成后进行黏着检验；如果交换接触导致主体区室之间的资源交换或者黏着，这些主体区室就被标记为活动状态，为条件复制做准备。第五步，经过条件交换和黏着检验后，所有主体进行资源变换。第六步，判断多主体与其区室主体资源库是否具备足以复制所有区室主体组分的资源，如果具备足够的资源，则在多主体边界选择交配接触点。第七步，对每个交配对通过重组和突变产生后代。第八步，利用每个后代被分派的黏着标识与父代进行黏着检验，这一步为形态发生提供了可能，计算匹配分数后可以导致子代或父代移入包含父代的边界内部，如果内边界不存在，就再生成一个新边界。第九步，进行条件复制，主体区室的复本由多主体染色体中说明该主体区室的控制段中的复制条件决定，只有多主体中一些其他主体区室的行为使其条件得到满足，这个主体区室才能复制，这就导致多主体会产生后代多主体，但后代多主体并不拥有父主体的全部主体区室。第十步，进行主体迁移和死亡。主体迁移是其位置标签的变化，由于主体使用染色体中的资源需要付出成本，当主体资源库中缺少某些资源时，死亡的概率就会增加。

二、集群创新系统回声演化模型选择

回声模型基本上是以描述多细胞生物胚胎发育为基础而开发的复杂自适应系统演化模型。虽然回声模型引致的思想实验对认识复杂自适应系统至关重要，但完整实现上述模型的实验尚未开展，除模型本身的复杂性之外，很多复杂自适应系统并不完全吻合完整的回声模型。集群创新系统虽然也属于复杂自适应系统，但其演化过程与完整回声模型并不完全一致。

选择性交配与资源交换和条件黏着一样，也是由标识调节的交互作用，通过为染色体中的控制段添加交配条件来实现的。选择性交配主要描述生物有性繁殖现象。在产业集群创新网络系统演化过程中存在新企业不断成立的过程，新企业或来自集群外部，或来自集群内部新创企业，或来自集群内部衍生企业，其中两家或多家企业联合成立一家新企业的情况，类似于生物系统中的有性繁殖现象，但多数新增企业主要来自于外部企业、新创企业和衍生企业，两家或多家企业联合成立新企业的现象并不占据绝对优势，因此，本研究中不考虑选择性交配问题。

在本研究中，产业集群创新网络系统主体间形态发生的对称破缺是外生设定的。系统演化之初，已经存在企业、知识中心、政府、金融机构等不同形态的主体，除了政府可能通过公共政策对某一类主体中的所有主体产生相同影响外，大多数情况下，主体间的交互作用都是一对一或一对多发生的，主体获取的资源基本归自身所有。因此，在进行产业集群创新系统演化分析时，可以不考虑条件复制。在经典回声模型中，黏着标识主要用于探索同类主体内通过分工并形成生命共同体提高整体适应能力的现象，例如在蚁群系统中，蚁后专司生育，雄蚁专司交配，工蚁专司杂勤，兵役专司保卫。在产业集群创新系统演化分析过程中，一方面，主体形态对称破缺是外生设定的，这就导致"经济考古"式的分工演化过程并不是本研究探索的重点；另一方面，集群创新系统中各类主体之间本身就是一个各司其职、相互依存的整体，虽然在集群创新系统内部会存在围绕创新而形成的知识联盟，但这类结合体本质上仍是主体间的资源交换或资源共享。由于集群创新内部信息不对称程度较低，知识共享更多地表现出非正式性质，合作是否持续主要取决于自我意愿、原合作对象的状态和其他主体的状态，一旦某一主体探索到更合适的合作对象，结合体就面临着解体危机，与回声模型中黏着机制要探索的现象相比，稳定性较差，故在本研究中仍将主体间的合作视为资源交换。

综上，在本研究采用的回声模型中，适应性主体主要包括保存资源的"仓库"和"染色体"① 两部分，仓库主要用来描述适应性创新主体所拥有的创新资源的结构与数量，染色体主要包括进攻标识、防御标识、交换条件和资源变换四部分。

每当两个主体配对交互作用时，每个条件都会检查对方染色体中的进攻标识，以决定交互活动是否继续进行；资源变化次数是任意值，每次指定一个源资源和目标资源，如果库存中有相应的资源就会通过资源变换，将源资源转化为目标资源；活动标记主要控制主体是否与其他主体产生交互作用。

三、基于回声模型的产业集群创新系统演化机理分析

系统论的研究一直都致力于探索"整体大于部分之和"的涌现特征的根源，产业集群创新系统的大部分研究成果也力图阐释产业集群创新系统涌现特征的源泉。目前对这一问题的研究有两种基本思路：其一是以构成论为基础的产业集群创新系统演化理论。这一类成果以产业集群创新系统的整体涌现特征为基础，将产业集群创新系统的演化过程视为主体对产业集群创新优势的追逐过程，例如郭利平（2015）认为产业集群创新系统以资源共享和规模经济为基础，关键要素为创新企业、创新平台、规模经济、知识溢出；周海涛（2013）认为产业集群创新系统形成的主要动力是集聚经济、知识溢出和技术多样性。

---

① 在霍兰回声模型中，染色体是由代表资源的字母组成的，表示其能力的"染色体"。在本研究中，笔者依然采用染色体的概念，但每一个标识和条件并非以字母表示。

这一类研究成果将集聚经济、规模经济、技术多样性等产业集群创新系统整体特征视为"看得见的手",为使产业集群创新系统内的主体收到"看得见的手"的指引,不断调整自身行为实现产业集群创新系统的演化。虽然这一类研究成果中有相当部分也是以复杂系统理论为基础,但具有较明显的还原论特征。其二是自下而上的生成论研究。生成论的研究从主体行为及主体间的交互作用出发,主体适应性调整自身行为成为系统演化的主要动力,集聚经济、规模经济、技术多样性等系统整体特征是系统演化过程中的宏观涌现,例如拉尔森(1993)认为产业集群创新系统中的主体虽然是独立平等的,但是一旦主体加入产业集群创新系统,其行为就要受到系统中其他主体行为的影响,并成为依赖其他主体行为的一个创新节点。这一观点本质上就是复杂自适应系统中主体生态位观点,即每一个主体都生存于与其有交互作用的主体构成的生态位之中。国内学者董微微等(2015)认为集群创新的演化过程就是主体在一定环境、自身能力和发展目标下,依据所获取的信息选取未来发展的方向、策略和合作伙伴,并不断修正自身能力的过程。哈耶克在论述自生自发的社会秩序系统时曾指出,由于环境的知识乃是由众多的个人分散掌握的,与环境相适应的秩序显然不可能通过集中指挥的方式构建,只能产生与作为社会要素的个人之见的相互调适以及他们对那些直接作用于他们的事件的回应的过程之中[①]。可见,采取自下而上的生成论观点探索产业集群创新系统的演化机理无疑是最合适的选择。

虽然产业集群创新系统的构成主体类型多样,但核心主体依然是企业,下面以企业为主要分析对象,依据产业集群创新系统回声演化模型选择的分析和回声模型模拟流程,分析产业集群创新系统的演化过程。

对于身处产业集群创新系统中的企业而言,其基础行为依然是产品生产和知识创新两大类,为便于描述,此处将企业资源库中的要素分为知识要素和非知识要素。企业的产品生产过程就是通过知识要素和非知识要素组合实现知识资源向非知识资源的变换,这一过程是企业生存的必备条件。企业创新的目的是提高生存适应性,如果不能顺利实现知识资源向非知识资源的变换,企业将失去市场生存的基础。在这一资源变换的过程中,企业将与其他企业开展市场竞争。如果市场竞争强度较低,企业可有效地将知识资源转化为非知识资源,将以较大概率继续在此细分市场开展资源变换活动;如果市场竞争强度较大,企业将以较大概率开展非知识资源向知识资源的变换活动,即创新行为,或通

---

① 哈耶克:《自由秩序原理》,邓正来译,生活·读书·新知三联书店,1997年,第200页。

过学习新知识开辟新市场，或充分挖掘现有知识潜力，提高知识资源向非知识资源的变换效率。基本的资源变换过程正如波特所言，竞争是一种丰沛的动能，经济竞争的本质不是为了平衡，而是为了无止境的变化，因此，改善和创新也绝非一劳永逸的事，而是一个永无止境的过程[①]。

由于集群创新理论研究更关注创新问题，即非知识资源向知识资源的变化过程，在这一过程中，企业创新行为的多样性有充分的体现。首先，企业既可能挖掘现有知识资源的利用潜力，也可能探索新知识、开辟新市场；然后，在一个具体知识的学习中，企业的学习能力取决于现有知识存量、知识类型和学习方法，从知识来源的角度看，企业将根据自身资源特征以及所处生态位中其他主体特征，通过内部模型对自主创新、合作创新、获取知识外溢等方法进行适应性选择，这一过程既有可能成功，也有可能失败，成功的创新策略将会被其他主体有限采纳，实现创新策略的内部扩散。需要说明的是，创新策略的扩散也可能导致产业集群创新系统整体技术锁定，导致集群整体创新能力退化，如模仿创新。虽然众多文献强调知识溢出对产业集群创新发展的重要性，但较早探索这一问题的是马歇尔的产业区理论：行业的秘密不再成为秘密，而似乎是公开了，孩子们不知不觉也学到许多的秘密；优良的工作受到正确的赏识，机械上以及制造方法和企业的一般组织上的发明和改良之成绩，得到迅速的研究，如果一个人有了一种新思想，就为别人所采纳，并与别人的意见结合起来，成为更新的思想之源泉，不久，辅助的行业就在附近的地方产生了，供给上述工业以工具和原料，为它组织运输，而在许多方面有助于它的原料的经济[②]。托林和考夫曼（1999）在研究区域创新系统时得出了"知识溢出构成了产业集群创新能力的本质特征"的论断。周海涛等（2013）认为知识溢出效应是集群创新形成的重要推动力量，但如果所有企业都采用模仿创新，产业集群创新系统中的所有企业将位于同一知识生态位中，企业间竞争势必增强，导致企业知识资源向非知识资源变换的效能下降。

一旦一家企业创新成功，开辟出适应度较高的生态位，适应度较低的企业将以较大概率通过创新向这一生态位靠拢。同时，在这一生态位也将产生新企业，实现产业集群创新系统整体规模的不断增大。如果产业集群创新系统内主体创新策略多样性丧失，将导致所有企业"拥挤"在有限的生态位中，企业知识资源向非知识资源变换的效能下降，导致产业集群创新系统衰退。

---

① 迈克尔·波特：《国家竞争优势》，李明轩、邱如美译，华夏出版社，2002年，第66页。
② 马歇尔：《经济学原理》，朱志泰、陈良璧译，商务印书馆，1965年，第284页。

在产业集群创新系统的演化过程中，非企业机构的重要性不容忽视，Kenney（1999）、Lazerson（1999）、Markusen（1995）、Capello（1999）等众多学者在产业集群理论、学习型区域理论、区域创新系统理论中都认可了地方性非企业组织在促进企业间合作、提高学习效率中的重要性，国内学者刘启雷等（2018）甚至认为区域创新生态系统的内核是围绕高校科研院所等机构建立的知识与研发网络。

考虑到各产业集群创新系统中非企业机构对企业创新影响的重要程度并不完全一致，可以认为，产业集群创新系统的演化过程是产业集群创新系统中的企业在由与其产生交互作用的主体构成的生态位中，通过获取的外部信息对自身资源特征进行内部判断，不断调整资源变换效能的过程。如果所有企业都能不断提升知识资源和非知识资源的相互转化效率，产业集群创新系统将不断发展壮大，反之将导致系统衰退。

本章小结

本章在系统归纳相关研究成果的基础上，将产业集群创新系统的构成主体划分为企业、知识中心、非知识要素供给者、中介组织、规制机构和外部环境五大类。从知识创新的角度来看，企业的主要行为是知识学习、创造、存储、扩散、整合功能，当然也包括生产行为；知识中心的主要功能是知识创新、存储和扩散；非知识要素供给者主要考虑了金融机构，将其行为界定为向企业提供金融支持；政府等规制结构主要向企业和知识中心提供支持，并通过创新政策引导产业集群创新系统的创新方向；外部环境主要考虑了消费者，将其界定为创新的方向器和创新产品的检验器。此后，通过聚集、非线性、流、多样性4个特性和内部模型、积木和标识3个机制的判断，论证产业集群创新系统是一个复杂自适应系统。在简要介绍回声模型的基础上，分析了集群创新系统回声演化模型选择；依据回声模型及其仿真一般流程，认为产业集群创新系统的演化过程是产业集群创新系统中的企业在由与其产生交互作用的主体构成的生态位中，通过获取的外部信息对自身资源特征进行内部判断，不断调整资源变换效能的过程。

第四章　产业集群创新系统演化概念模型构建

第一节　关于知识与产业集群创新适应性的测度分析

自熊彼特于 1912 年提出创新的概念以来，创新理论受到学术界和理论界的普遍重视，创新动力、创新模式演进等相关研究成果十分丰富。就创新动力来讲，出现了熊彼特的技术推动论、施莫克勒（Schmookler）的需求拉动说、纳尔逊和温特（Nelson、Winter）的演进理论、弗里曼（Freeman）的国家创新体系和系统综合理论（Gille）等理论研究。对于产业集群创新系统研究来讲，首先必须明确创新是什么，才可能展开更深入的探讨。

一、知识观视角下产业集群创新内涵分析

（一）产业集群创新内涵界定

熊彼特认为创新是生产要素和生产条件的新组合，包括引入新产品、开辟新市场、控制原料新来源、构建新组织形式、采用新生产技术等五种形式，并且认为创新是一个经济范畴，而非技术范畴，它不仅是指科学技术上的发明创造，更是把已发明的科学技术引入企业，形成一种新的生产能力。熊彼特重点关注的是建立一种新的生产函数，可以说其创新理论实质是企业创新理论。在熊彼特创新理论的基础上，逐步形成了技术创新理论、制度创新理论和国家创新系统研究等理论流派。国家创新系统重点关注创新政策和创新机制；制度创新理论重点关注组织和制度变化；技术创新理论关注创新技术发明的首次商业化，主要包括产品创新和工艺创新。OECD（1992）指出，技术创新包括新产品和新工艺，以及产品和工艺的显著技术变化。

张凤和何传启（2002）认为，学界有关创新的定义一直都不统一。一般说

来，创新的"新"既不是时间意义的"新"，也不是地理意义上的"新"，而知识产权意义上的"新"，是指事物在结构、功能、原理、性质、方法、过程等方面的显著性变化，具有独创性和有用性。另外，技术发明是引入一种新知识，使知识体系发生变化，因此，创新就不是简单地引入新的生产函数，技术创新也是创新。创新包括知识创新和技术创新。知识创新是新知识的首次发现、发明、创造和应用，技术创新是技术发明（新技术知识）的首次商业应用；知识创新的成果是新知识，技术创新的成果是新产品。对于技术和知识的关系，Calbraith（1965）认为技术是科学知识或其他有组织的知识在实际任务中的系统应用。Monck 等认为技术是解决实际问题的有关知识和使用的工具的总和。马克思认为生产工具的本质是劳动功能的外化，因此，在某种程度上，可以将工具视为知识与自然物质的凝结体，那么，技术创新本质上是知识创新外在表现形式。张凤和何传启关于知识创新和技术创新的分析，本质上是创新的两阶段论，首先是知识创新外化表现为技术创新，然后是技术创新带来新产品或生产效率的提升。

制度创新关注的重点是组织和制度的变化，主要集中在制度设计和创新文化培育，其目的是激发人和相关组织的创新主动性，促进知识创新和优化资源配置。从信息经济学的角度来看，制度创新本质上是对信息不对称的规避，有效的制度创新就是在信息不对称的情况下，使创新主体能够获得与完全信息下相同的创新效果，其本质上仍是一种知识创新。

虽然国家创新体系从宏观视野关注区域创新问题，主要关注创新政策和创新机制研究，但张凤和何传启（1999）的国家创新系统演化三阶段论指出：在国家技术创新系统阶段，主要强调技术创新、技术流动以及行为主体间的交互作用；在国家创新系统阶段，开始强调知识创新、知识传播等；在国家知识创新系统阶段，主要强调知识创新和知识的高效利用。Nelson（1993）认为，知识分配能力是经济发展的国家竞争力的关键因素，企业知识生产和能力积累是企业的核心竞争力。梁宏（2004）基本沿用了熊彼特创新五种形式理论，认为区域产业集群的核心竞争力表现为以知识为基础的技术能力、组织管理能力和市场开拓能力。以 OECD 对国家创新体系的定义为例，经合组织认为国家创新体系是公私部门间的组织网络，部门活动及部门间的交互作用决定国家整体扩散知识和技术的能力，并进一步影响国家创新绩效。虽然经合组织关注的重点是国家创新网络对知识和技术扩散能力的影响，但从中可以看出国家创新体系建设的根本目的在于整体优化知识和技术使用效能。从技术是知识沉积的角度来看，国家创新体系建设的目标是优化知识存量配置，并推动知识创新。

　　可见，从微观个体来看，创新就是知识创新以及学习、吸收、整合外部知识；从产业集群创新系统宏观整体来看，创新是指集群创新内主体在不断适应市场的过程中，通过自主研发、相互学习等途径不断推动有效知识存量增加和集群内部知识存量的优化配置。其中，适应市场主要是指集群主体不断探索市场信息，以提高市场适应能力；有效知识是指创新主体开发或学习的知识能够有效提高自身市场适应性。

二、知识的描述

　　Richard Dawkins（1976）在 *The Selfish Gene* 一书中将文化传承类比于基因遗传（gene），提出了 meme 的概念（meme 是文化的基本单位），认为 meme 就是音调、思想、妙句、服装时尚等，类似于基因通过繁殖在基因池中不断地传播，meme 通过人类的模仿在 meme 池中不断传播自己。知识是文化的重要单元，很多学者在 meme 的基础上展开了深入探讨。国内学者刘植惠在《情报理论与实践》杂志连续撰写 12 篇文章探索知识基因相关问题，但相关研究主要通过知识基因与生物基因的类比分析，探索文化传承相关问题，并没有给出文化基因或 meme 具体的数学描述形式。Gilbert（1997）在 meme 的基础上提出了 kene（Knowledge genetic）的概念，并给出了知识基因的数学描述形式，用于表示创新过程中的知识单元集合，并用之分析创新动态演化过程中知识的遗传以及主体间的竞争、合作。Gilbert 最初提出的 kene 模型包含两个维度，分别是两个等长的序列，每个 kene 为平面上的一个点，每项技术等包含部分特定的 kene，通过 kene 间的距离判定技术的创新性。Anddreas Pyka、Nigel Gilbert 和 Petra Ahrweiler 在 2001 年的《创新网络——一个仿真方式》（*Innovation Networks - A Simulation Approach*）和 2002 年的《创新网络模拟》（*Simulating Innocation Networks*）两文中对 kene 的内涵进行了扩充，在 2004 年的《创新网络中的知识动力机制模拟分析》（*Simulating Knowledge dynamics in innovation networks*）一文中利用 kene 构建了 SKIN 模型。

　　在 SKIN 模型中，每个 SKIN 主体都有一个属于自己的知识库，知识库被称为主体的 kene（Knowledge genetic），kene 由一系列知识单元（units of knowledge）构成，每一个单元包含三部分：其一是知识属性（C：capacity），主要描述知识单元隶属的学科、技术或商业领域，如生物化学领域，一般用整数表示；其二是特定能力（A：ability），主要描述该领域的某一特定能力，如合成工艺、生物化学领域的过滤技术，一般也用整数表示；其三是专业水平

（E：expertise level），主要描述某一特定能力达到的水平，即对该特定能力的精通程度（部分文献也称这一维度为该技术的市场适应度），一般用实数表示。企业的 kene 由一系列 $C/A/E$ 三元组构成（如图 4—1 所示），企业 i（$i=1,\cdots,n$）拥有来源于不同技术领域的知识属性 C_i^j（$j=1,\cdots,N$），在每一个技术领域 j 拥有一系列特定能力 $A_i^{j,m}$（$m=1,\cdots,p$），每一个特定能力 A 拥有一个专业水平 $E_i^{j,m}$。

$$\left\{\begin{bmatrix} C_i^j \\ A_i^{j,m} \\ E_i^{j,m} \end{bmatrix}, \begin{bmatrix} C_i^{j+1} \\ A_i^{j+1,m} \\ E_i^{j+1,m} \end{bmatrix}, \cdots, \begin{bmatrix} C_i^N \\ A_i^{N,m} \\ E_i^{N,m} \end{bmatrix}\right\}$$

图 4—1　企业 i 的 kene 示意图

国内学者李金华（2008）认为 Gilbert 的描述知识单元的三元组表示存在信息冗余，故提出了知识单元的二元组表示方式（本质上就是 Gilbert 三元组中的 A 和 E 部分），认为赋予知识单元类别和层次两个属性就足以表示知识的多样性和复杂程度。李金华认为，在 SKIN 模型中，主体的渐进式创新主要通过改变特定能力 A 来实现（如图 4—2 所示），激进式创新主要通过改变知识属性 C 来实现，专业水平 E 在产品描述、创新学习和合作行为以及伙伴关系分析中都没有体现出来，这是 $C/A/E$ 三元组存在信息冗余的主要原因。

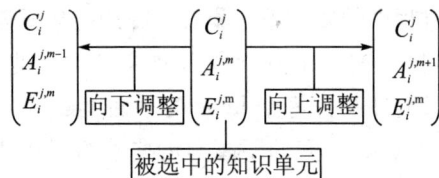

图 4—2　SKIN 模型渐进式研究调整示意图

笔者认为，相较于李金华的二元组模型，Gilbert 的三元组模型能更好地描述现实创新中知识单元的必要特征，但每个知识单元的要素所表征的内容需要调整，以更切合现实。随着产品复杂程度不断加深，一件产品的生产往往需要多项技术，而每一项技术都存在相应的替代技术。从产品模块化设计的角度来看，就意味着产品每一模块都存在多项实现其功能的技术，对某一具体模块来讲，即使是掌握同样技术的主体，专业水平也存在差异。从产品模块化这一角度来看，一个知识单元应该包括三部分：其一是功能属性（function），也就是该知识单元所支撑的技术在最终产品中的功能；其二是知识属性，这一点与 Gilbert 三元组中的知识属性内涵相同；其三是专业水平，这一点与 Gilbert 三元组中专业水平也相同。不过，与 Gilbert 三元组运用方式不同的是，对于特定产品而言，本研究假定各部分功能都是必须具备的，这就意味着主体创新主要集中在知识属性和专业水平两个方面。与 SKIN 模型相同，激进式创新主要通过改变知识属性来实现，渐进式创新主要通过改变专业水平来实现。这就意味着，在本研究中，渐进式创新主要是指某种技术的专业水平提升，即该技术运用熟练程度的改善，激进式创新主要是指实现产品某一功能的技术改变。

假定企业 i 生产的最终产品是 N 项功能复合而成的，此处仍沿用 SKIN 模型中的符号，分别记为 $(C_1, C_2, \cdots, C_N)$，第 j 项功能具有 $m_j (j=1,2,\cdots, N)$ 种实现技术，分别为 $(A_j^1, A_j^2, \cdots, A_j^{m_i})$，记时期 t 企业 i 的第 j 项功能的第 l 种实现技术专业水平为 E_{ij}^l，知识单元的专业水平用实数表示，那么，时期 t 企业 i 所生产的产品对应的等位知识单元串（在 SKIN 模型中称之为创新假说）可表示为：

$$S_i^t = \left\{ \begin{pmatrix} C_1 \\ A_{i1}^{u1} \\ E_{i1t}^{u1} \end{pmatrix}, \begin{pmatrix} C_2 \\ A_{i2}^{u2} \\ E_{i2t}^{u2} \end{pmatrix}, \cdots, \begin{pmatrix} C_N \\ A_{iN}^{u_N} \\ E_{iNt}^{u_N} \end{pmatrix} \right\}$$

图 4-3　企业 i 在 t 时刻的等位知识单元串

其中，$A_{ij}^u \in (A_{ij}^1, A_{ij}^2, \cdots, A_{ij}^{m_i})$。对于 $C/A/E$ 三元组来讲，A 决定对应模块功能 C，E 是创新主体对技术 A 应用的专业水平，决定了创业主体应用该技术的能力，企业所拥有的知识单元集合仍称为企业的 kene。

三、基于 NK 模型主体创新适应度测度

（一）适应度景观理论与 NK 模型简介

Wright（1932）提出的适应度景观理论认为，生物的基因型决定其表现型，表现型决定了生物的环境适应度。具体而言，基因型是在一定环境下促使表现型发育的内因；表现型是基因型和环境共同作用的结果；生物的适应度不仅受到单个基因的影响，还受到基因间交互作用的影响；基因及基因间的交互作用对系统整体的表现型，进而对物种的环境适应度产生动态影响。所以，生物的基因型与其适应度之间存在一个映射关系，通过这一映射关系为每个基因序列赋予一个适应度，所有可能的基因序列与其对应适应度形成的点的集合构成了适应度景貌，其中每一个点的高度代表着对应基因序列的适应度。生物通过基因突变和选择所进行的进化过程，可以看作是在适应度景貌地图上不断搜索、攀爬，从一座山峰爬向另一座山峰的过程。

NK 模型源自 Anderson（1983）设计的自旋玻璃物理模型，考夫曼（1993）利用该模型并结合 Wright（1932）提出的适应度景貌理论（如图 4-4 所示）开展生物有机体演化研究，主要利用该模型构建了基因型和适应度之间的映射关系。

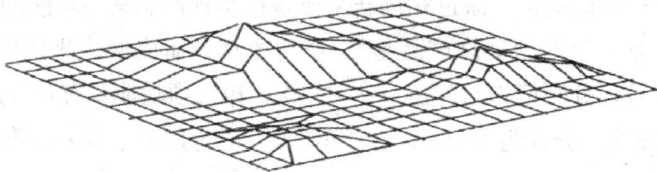

图 4-4 适应度景貌示意图

基本 NK 模型假定系统由 N 个要素构成，每个要素 i（$i=1, 2, \cdots, N$）存在 m_i 个等位基因，等位基因一般用整数（$0,1,\cdots,m_{i-1}$）标识，等位基因的变化可以导致元素性质发生改变。记元素 i 等位基因为 S_i（S_i 取值为 $0,1,\cdots,m_{i-1}$ 中的某一值），那么系统状态可以用等位基因串 $S = (S_1,\cdots,S_N)$ 表示；所有可能的等位基因串构成了设计空间，设计空间规模为 $\prod_{i=1}^{N} m_i$。

考虑到基因交互作用对生物表现型的影响，NK 模型假定每一个元素都受到其他 K 个元素的影响，即元素 i 存在 K 个上位关系，则元素 i 的适应度为 $V_i = V(S_i, S_i^1, \cdots, S_i^k)$，其中 $S_i^j(j=1,\cdots,k)$ 表示与元素 i 有交互作用的第 j 个元素的等位基因状态。等位基因串 S 所描述的系统整体适应度定义为：$V(S) = \frac{1}{N}\sum_{i=1}^{N}(V_i)$，其中 V_i 表示元素 i 的适应度。

交互作用的元素个数 K 决定了系统在适应度景貌上的最优策略搜索难度。由于基因间交互作用的存在，某一个基因发生变异时，不仅会改变该基因决定的表型，而且会导致与其有交互作用的基因决定的表型发生变化。由于基因间复杂的相互作用，某个基因变化对系统造成的影响是正向的还是负向的，取决于其对系统产生的综合影响，这种综合影响改变了系统整体的适应度。这就意味着要想通过某一基因变异提升系统适应度，就必须使该基因变异改变由其决定的表型特征而产生的适应度提高量，大于由于该基因变异导致与其相互作用的基因决定的表型性质改变而带来的适应度下降总量。因此，基因内部的相互作用对系统适应度变化存在结构性约束，这种系统内部元素间的交互作用是造成系统复杂性的重要来源之一，上位关系 K 越大，系统内存在的结构性约束越大，系统越复杂，每个基因对系统适应度的影响越难以确定。考夫曼采用随机适应度方法，确定基因 i 发生变异或与之有上位关系的基因发生变异时元素

i 的适应度，具体操作是当元素 i 等位基因发生变异或与之有相互作用的其他元素等位基因发生变异时，随机从区间（0，1）中选择一个值作为元素 i 的适应度 V_i。

NK 模型常与适应度景观理论相结合以探索系统的优化路径 Levinthal（1997）等较早地将 NK 模型引入组织管理相关问题研究，并逐步得到经济与管理领域学者们的认可；戚桂杰、张伟（2007）通过 NK 模型探索了政府相关法规政策在知识联盟信息资源开发中的作用；张钢、高若阳（2009）利用 NK 模型探讨了模块间有效沟通对近似模块化在促进创新和抑制模仿冲突中的调节作用；郑毅、张雪薇（2014）利用 NK 模型组织个别创新活动及其组合对组织适应性的影响；刘凯宁等（2017）利用 NK 模型在识别商业模式创新关键要素的基础上，探索了 GL 公司商业模式的创新路径。不过，利用 NK 模型探索产业集群创新主体适应度的相关研究稍显薄弱。

（二）基于 NK 模型的企业产品市场适应度测度分析

主体创新适应度是主体对外部环境的适应程度，对于企业来讲，其适应度直接表现为产品在市场上的获利能力。为测度企业在时期 t 的适应度，首先需要测度其产品的市场适应能力。目前关于主体创新适应性的测度研究相对薄弱，在 SKIN 模型中，直接通过各项技术知识属性和特定能力乘积的和的模来测度产品市场适应；大部分的研究都设定知识有两个维度（类似于 Gilbert 早期的 kene 模型），企业在每个维度上知识存量的增加都意味着创新，通过空间距离来衡量企业创新程度，进而表证企业的创新适应性。这一类处理方法意味着创新空间一旦确定，对于创新企业来讲，其创新努力的方向也就随之确定，企业创新行为即为不断进行创新知识积累，创新过程表现为学习过程，这限制了复杂系统视域下创新研究的理论范围。

在现实中，一件产品往往是多项特征的有机耦合，并最终表现为产品品质，即产品的市场适应性，而产品特征与产品品质之间并非简单的线性关系。以汽车为例，汽车动力性和经济性之间往往存在冲突，这就意味着汽车的各项性能之间存在相互影响，提高某一项性能势必对于其相关的性能产生影响，这与 NK 模型所描述基因对生物环境适应性的影响十分类似。

本书利用 NK 模型测度企业产品的市场适应度。假定一件产品需要 N 项功能进行耦合，每一项功能与剩余其他 k 项功能存在交互影响（类比于 NK 模型中每个要素存在 k 个上位关系），类似于基因间交互作用对生物适应度影响的复杂性，产品各功能间交互影响的数量越多，意味着产品复杂性越强。每项

功能具有 m_i 种实现技术（类比于 NK 模型中每个元素的等位基因数量），称之为等位知识单元，那么每一件产品都可以采用等位知识单元串来表示，此处的每个等位知识单元仍用 S_i 表示，等位知识单元串仍用 S 表示，如图 4-5 所示。

$$S = (S_1, \cdots, S_N) = \left\{ \begin{pmatrix} C_1 \\ A_1^{u_1} \\ E_1^{u_1} \end{pmatrix}, \begin{pmatrix} C_2 \\ A_2^{u_2} \\ E_2^{u_2} \end{pmatrix}, \cdots, \begin{pmatrix} C_N \\ A_N^{u_N} \\ E_N^{u_N} \end{pmatrix} \right\}$$

图 4-5　等位知识单元串

其中，$u_i \in (0, 1, \cdots, m_{i-1})$ 那么产品就有 $\prod\limits_{i=1}^{N} m_i$ 种实现的可能性，所有等位知识单元串的集合为产品设计空间。由于不同等位知识单元串对应的产品市场适应度不同，也可以将每一个等位知识单元串视为一个细分市场，这就意味着在集群创新演化过程中，共有 $\prod\limits_{i=1}^{N} m_i$ 个细分市场。

依据 NK 模型，等位知识单元 i 的适应度记为 $V_i = V(S_i, S_i^1, \cdots, S_i^k)$，其中，$S_i^j (j = 1, \cdots, k)$ 表示与等位知识单元 i 有交互作用的第 j 个等位知识单元。等位知识单元串 S 所描述的系统整体适应度定义为：

$$V(S) = \frac{1}{N} \sum_{i=1}^{N} (V_i) \tag{4-1}$$

由于产品功能间的交互影响，通过数量分析方法很难确定等位知识单元串中每一个等位知识单元对产品品质的影响，也难以确定一个等位知识单元变异给予其有上位关系的知识单元所决定的功能带来的影响程度，故本研究在确定产品设计空间中每一个等位知识单元串的品质时，仍借鉴考夫曼随机适合度处理方法，此处不再展开。

由于不同的等位知识单元串具有不同的适应度，所有等位知识单元串与对应适应度形成的点的集合就构成了企业创新适应度景观，集群创新内企业的创新过程就可以视为在创新适应度景观地图上不断探索细分市场，并通过市场调节实现所有细分市场有效覆盖的过程。由于每一个等位知识单元串代表一个细分市场，在产业集群创新系统演化过程中，如果一个细分市场内的企业数量或所有企业的产量过大，会导致该市场内的竞争强度上升，进而导致企业将知识资源转化为非知识资源的效率下降。本书将产品设计空间中所有等位知识单元的适应度分别除以所有等位知识单元串的适应度的均值，并乘以合适的常数，用以表征每一个等位知识单元串对应细分市场的市场规模，即等位知识单元串

S对应的细分市场的市场规模为：$\dfrac{V(S)}{\overline{V(S)}}M$。后文在分析过程中仍采用"适应度 $V(S)$"的表述方法，除非特殊说明，均指对应细分市场的市场规模。

第二节 创新主体的行为模型构建

依据前文分析，产业集群创新系统的主体包括企业、知识中心、金融机构、政府和中介机构。黄玮强等（2012）认为由于集群创新内主体本身具有较强的地理邻近性，相对地理位置对知识流动和扩散没有显著影响。这就意味着产业集群创新系统由于空间范围有限，主体间信息搜索成本较低，可以忽略不计。鉴于此，本研究在构建创新主体行为模型时，不再考虑中介机构，主要探索企业、知识中心、金融机构和政府的行为规则。

一、企业资源库分析

如前文所述，创新企业在集群创新中的主要功能是知识学习、创造、存储、扩散、整合等。在下文的分析过程中，知识学习对应渐进式创新，知识创造对应激进式创新，知识存储主要通过资源库来表征，知识扩散主要通过与其他主体间合作或模仿来实现，知识整合主要通过生产行为来实现。

结合前文回声模型中对主体基本结构的分析，企业主体包含两部分，其一是资源库，其二是染色体。资源库用来描述企业用于创新和生产所需的资源，染色体主要用于表征企业与其他主体交互作用的状态和能力。为了实现最终产品，企业不仅需要知识，还需要原材料、劳动力、生产设备等。在创新内涵分析部分，本书将生产设备视为知识与自然物质的凝结体。依据马克思劳动价值论，劳动可划分为简单劳动和复杂劳动，虽然不能简单地将简单劳动视为体力劳动、将复杂劳动视为脑力劳动，但相较于简单劳动，复杂劳动具有更高的技能或技巧[①]。为适应研究需要，在考查企业生产过程时，本书将劳动因素视为整体，将其划分为简单劳动和知识两部分。至此，企业生产过程需要的资源可抽象为知识、劳动力和自然资源。不过，本书不考虑自然资源对集群创新演化的影响。这是因为，在市场经济条件下，企业获取劳动者的劳动力需要支付工资，在不考虑劳动力短缺的情况下，企业生产过程所需的资源可以抽象为知识

---

① 陈振羽：《正确理解马克思的简单劳动和复杂劳动理论》，《经济经纬》，1999 年第 2 期，第 23～27 页。

和资本两部分。也就是说，在本研究中企业资源库中包含两部分资源：知识和资本。

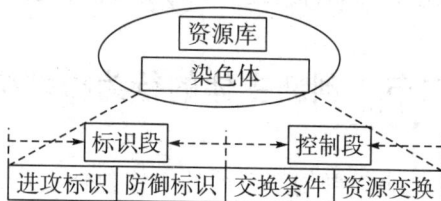

图4-6　主体基本结构

记企业 i 在时刻 t 的资本存量为 K_{it}，假定企业资本主要用于生产和创新知识学习两部分，记企业 i 时期 t 用于生产的资本为 K_{it}^C，用于创新的资本 K_{it}^S。

由于知识资源不仅需要体现出实现对应功能的知识，还需要描述知识应用的熟练程度，时期 t 企业 i 实现第 j 个功能的知识单元集记为：

$$\left\{ \begin{pmatrix} C_j \\ A_{ijt}^0 \\ E_{ijt}^0 \end{pmatrix}, \begin{pmatrix} C_j \\ A_{ijt}^1 \\ E_{ijt}^1 \end{pmatrix}, \cdots, \begin{pmatrix} C_j \\ A_{ijt}^{m_{j-1}} \\ E_{ijt}^{m_{j-1}} \end{pmatrix} \right\}, (j=1,\cdots,N)$$

如果 $A_{ijt}^u = 0, u_i \in (0,1,\cdots,m_{j-1})$ 表示该企业 i 不拥有实现 j 功能的 u_i 种知识，则对应的 $E_{ijt}^u = 0, u_i \in (1,\cdots,m_j)$。企业新掌握的知识专业水平设为最低值1。

企业 i 在时期 t 生产产品所采用的等位知识单元串记为：

$$S_{it} = (S_{i1t},\cdots,S_{iNt}) = \left\{ \begin{pmatrix} C_1 \\ A_{i1t}^{u_1} \\ E_{i1t}^{u_1} \end{pmatrix}, \begin{pmatrix} C_2 \\ A_{i2t}^{u_2} \\ E_{i2t}^{u_2} \end{pmatrix}, \cdots, \begin{pmatrix} C_N \\ A_{iNt}^{u_N} \\ E_{iNt}^{u_N} \end{pmatrix} \right\}$$

企业的创新过程表现为改变等位知识单元串中知识单元的知识属性进入新的细分市场或提高知识单元专业水平，以此增强知识资源转换为资本的效率，以获取更大利润。

二、企业资源变换机制分析

依据前文分析，主体的资源变换机制主要是将富余资源转化为短缺资源，提高主体的生存能力。在集群创新系统中，企业主体所拥有的资源为资本和知识，从企业生存的角度来讲，企业需要不断地将知识转化为资本，这也是企业作为产业集群创新系统关键主体的最主目的，但为了保持持续的竞争力，企业也需要将资本中的一部分投资于知识开发和利用，以保持自身竞争力。因此，对于企业主体来讲，资源变换机制包括知识转换为资本和资本转换为知识两部分，此处企业的资源转换机制主要考察知识转化为资本的机制，资本转换为知识的机制集中在企业创新行为分析部分。

（一）生产机制分析

生产是企业的最基本行为，本研究不考虑企业的产品销售过程，这就意味着生产过程即知识转换为资本的过程。在经济学理论中，通常用生产函数来描述这一行为的基本机制，学者们通过观察到的企业生产现象，提出了众多生产函数的形式，从最简单的线性函数，到常用的 C-D 生产函数、不变弹性生产函数等。依据前文分析，在本研究中，创新企业的资源库中仅有资本和知识两种资源，假定企业在时期 t 仅利用当期的等位知识单元串生产一类产品，借鉴 Jonard（1998）所采用的生产函数，假定：

$$Q_{it} = E_{it} K_{it}^C \qquad (4-2)$$

其中，E_{it} 表示时刻 t 企业 i 的生产技术专业水平，K_{it}^C 表示企业 i 在时刻 t 投入生产的资本数量。对于产品生产来讲，一件完整产品的生产需要各个环节的有机协调，一旦某一环节生产能力较差，就会影响企业整体的生产能力。鉴于此，企业整体的生产技术专业水平测度为：

$$E_{it} = \sqrt[N]{\prod_{j=1}^{N} E_{ijt}^{u}} \qquad (4-3)$$

其中，E_{ijt}^{u} 表示企业 i 在时刻 t 实现 j 项功能所选择的技术 A_{ijt}^{u} 的专业水平。

（二）定价机制与产量调整机制分析

如果企业进行产品生产，则必须为产品制定价格并确定产量。在集群创新仿真研究的相关文献中，关于价格和产量的确定问题的处理主要有三种方法：其一是忽略产品价格和产量确定问题，从知识学习角度探索集群创新系统演化发展。这种处理方法虽然简化了集群创新演化模型，但简单地将企业知识存量视为企业竞争力的做法与现实距离较远，毕竟知识存量不代表企业产品的市场竞争力。其二是将产品性能视为产品价格，并假定市场需求是无限的。这种处理思路较为接近现实，但相关研究中产品性能与知识存量之间采用递增函数进行描述，其本质上仍是产品价格取决于知识存量。这两种方法普遍忽略了市场竞争。其三是在保持产量不变的假定下，给出产品价格调整的动态机制，在

SKIN 模型中价格制定一开始就保证企业能获取收益，企业产品价格最低等于生产总成本。同时，SKIN 模型也给出了企业产品价格调整的标准策略，首先作为企业随机选择一个高于总成本的价格，如果本周期内产品能顺利卖出，企业将在下一周期提高产品价格；如果本周期没有顺利卖出，企业将在下周期降低产品价格。通过这一方式，企业可以获取市场的需求价格。虽然 SKIN 模型设置的价格调整机制较为接近现实，但在 SKIN 模型中并没有深入分析消费者的消费决策。同时，SKIN 模型最低价格为产品成本，产品品质是创新假设中包含的 $C/A/E$ 三元组的知识属性和特定能力乘积和的做法，也内含着产品价格取决于知识存量和知识品质，同样忽略了市场竞争问题。

经典经济学理论一般从市场均衡出发，依据需求函数和利润最大化原则（供给函数）确定最优供给量，这一经济力学背景下的分析框架确实为企业价格和产量调整提供了方向，但企业现实决策过程中，即便是在静态环境下（市场需求状况不发生改变，存在不变的需求函数），无论是完全信息还是不完全信息，企业都很难拥有自身的需求函数，这也导致通过均衡分析探索企业最优价格和产量在现实中基本上很难进行。经济生物学将企业产量和价格制定视为一个不断学习和试错的过程，两个变量同步决策，以期探索价格和产量的满意组合，这为本研究提供了有益的启发。

本研究将主体创新过程视为主体在适应度景貌地图上不断探索知识资源转化为资本效率最高的区域的过程，因此，可以将每一座山视为一个细分市场，将山峰高度视为市场容量，即该产品的市场适应度。这一处理思路既满足了技术多样化所带来的产品多样化问题，同时较高的山峰对应较大的市场容量也表征了随着企业创新的不断深入，消费者消费不断升级的过程。企业 i 在时刻 t 采用的等位知识单元串为：

$$S_{it} = (S_{i1t}, \cdots, S_{iNt}) = \left\{ \begin{pmatrix} C_1 \\ A_{i1t}^{u_1} \\ E_{i1t}^{u_1} \end{pmatrix}, \begin{pmatrix} C_2 \\ A_{i2t}^{u_2} \\ E_{i2t}^{u_2} \end{pmatrix}, \cdots, \begin{pmatrix} C_N \\ A_{iNt}^{u_N} \\ E_{iNt}^{u_N} \end{pmatrix} \right\}$$

其对应的适应度为 $V(S_{it})$，企业生产过程中采用的等位知识单元串中 $\begin{pmatrix} C_1 \\ A_{1t}^{u_1} \end{pmatrix}, \begin{pmatrix} C_2 \\ A_{2t}^{u_2} \end{pmatrix}, \cdots, \begin{pmatrix} C_N \\ A_{Nt}^{u_N} \end{pmatrix}$ 相同的企业产品是同质的，记这一类产品在时期 t 的总产量为 $\sum Q_{Sit}$。为简化分析，假定所有企业的产品均可以卖出，在保证市场出清的情况下，各企业产品平均价格应为：

$$\bar{P} = \frac{V(S)}{\sum Q_{Sit}} \tag{4-4}$$

这一处理思路意味着某一细分市场产品供给量越大，产品价格越低，这既与传统经济力学均衡分析的基本结论保持一致，也与现实市场运行长期趋势相吻合。但需要说明的是，这一简化处理思路没有考虑产品的价格弹性，对于消费必需品和奢侈品企业的价格控制实力是不相同的，同时也假定了细分市场是一个可竞争市场，消费者在这一产品上的消费预算保持不变的前提下，消费量越大越好。

在价格由市场确定的假定下，企业需要调整的生产决策仅有产量决策。对于企业的决策目标，经济学理论研究过程中出现过利润最大化假定、追逐正利润（阿尔奇安，1950）、追逐满意利润（纳尔逊、温特，1982）等学说。从经济生物学的角度来看，企业各种决策应该是在保持生存的前提下追逐利润。以我国房地产市场为例，近年来屡屡出现"不赚最后一个铜板"和"企业首先要活下来"等系列言论，这也从侧面证明企业决策的最基本目标应该是追逐正利润。因此，本书假定企业的生产决策目标是追逐正利润。如果本周期内产品能获得正利润，企业将在下一周期提高产品产量；如果本周期利润非正，企业将在下周期降低产品产量。假定产量提高或降低的按照固定比例 γ 进行，那么企业 i 产量调整机制为：

$$Q_{it+1} = \begin{cases} (1+\gamma)Q_{it}, & \text{当生产利润为正} \\ (1-\gamma)Q_{it}, & \text{当生产利润非正} \end{cases} \tag{4-5}$$

那么，在第 $t+1$ 期，企业生产 Q_{it+1} 单位产品所需的生产资本为：$K_{it+1}^C = \frac{Q_{it+1}}{E_{it+1}}$。如果 $K_{it+1} \geqslant K_{it+1}^C$，企业在 $t+1$ 的生产过程不需要进行融资，否则，企业需要向金融机构借入用于生产的资本量为：$K_{it+1}^{bC} = K_{it+1}^C - K_{it+1}$。如果金融机构贷款给企业，企业用于生产的资本量为 K_{it+1}^C，否则，企业用于生产的资本量为：K_{it+1}。

企业 $t+1$ 期用于生产的资本量为：

$$K_{it+1}^C = \begin{cases} \frac{Q_{it+1}}{E_{it+1}}, & \text{当 } K_{it+1} \geqslant \frac{Q_{it+1}}{E_{it+1}} \\ \frac{Q_{it+1}}{E_{it+1}}, & \text{当 } K_{it+1} < \frac{Q_{it+1}}{E_{it+1}} \text{ 且企业向金融机构贷款成功} \\ K_{it+1}, & \text{当 } K_{it+1} < \frac{Q_{it+1}}{E_{it+1}} \text{ 但企业向金融机构贷款失败} \end{cases} \tag{4-6}$$

如果企业需要融资，企业将与金融机构发生条件交换，企业的进攻标识为贷款，银行的进攻标识为放贷，企业的交换条件在银行给定的利率下获得 K_{it+1}^{bC} 单位资本，银行的交换条件为式（4-31）确定的概率。本书对企业向金融机构融资过程没有做更详细的分析，只要式（4-31）满足，金融机构将向企业进行生产性贷款。

如果企业 i 在第 $t+1$ 期等位知识单元串中的知识属性发生变异，则企业 i 在第 $t+1$ 期重新制定产量。

（三）企业的利润分析

由于企业本期投入生产过程的等位知识单元串是前期积累的结果，因此，在核定产品第 t 期总成本时，生产总成本为投入生产的资本 K_{it}^C。政府向企业征税的内容包括商品和劳务税类、所得税类、资源和环境保护税类、特定目的税类等，各国政府税收内容以及不同类型企业税率也存在较大差异。为简化分析，假定政府向所有企业利润征收固定税率 τ_g 的税收。就我国目前企业向银行贷款利率来说，虽然在某一固定时期基准利率是固定的，但金融机构会根据企业实际情况，依据基准利率进行浮动。为简化分析，假定模拟期内金融机构利率固定为 τ_b，企业 i 在时期 t 向金融机构借款 K_{it}^{bC}，如果借款不成功，则 $K_{it}^{bC}=0$。为便于处理，假定企业 i 在 t 期末需要将本金和利息一并归还金融机构，也就是说企业向金融机构的贷款不计入企业资本中，那么在时期 t 企业 i 的净利润为：

$$\pi_{it}=P_{it}Q_{it}-K_{it}^C-(1+\tau_b)K_{it}^{bC}-\tau_g\left[P_{it}Q_{it}-K_{it}^C-(1+\tau_b)K_{it}^{bC}\right] \quad (4-7)$$

结合式（4-2）对式（4-7）加以整理可得：$\pi_{it}=(1-\tau_g)\left[(P_{it}E_{it}-1)K_{it}^C-(1+\tau_b)K_{it}^b\right]$。由此可见，企业 i 在时期 t 的净利润随着生产技术专业水平和适应度的提升而增加，随着政府税收和金融机构利率的减少而增加，基本符合现实。

三、企业创新行为分析

随着创新研究的不断深入，相关研究对创新从表现形式、领域、主体类型、方式、程度、效果等众多角度进行分类，主体类型角度的划分已包含在产业集群创新系统构成的主体分类中，创新效果体现在主体的创新适应度中，本研究作为构建产业集群创新演化系统理想模型的探索，可以不考虑创新表现形式、领域等。因此，对主体创新行为的分析，主要考虑创新方式和创新程度。

（一）企业创新策略选择分析

1. 企业创新策略类型分析

企业试图成功适应市场的过程高度依赖所采用的等位知识单元串，也就是依赖 kene，如果一个产品没有任何市场需求，企业就必须调整其等位知识单元串，以生产有市场需求的产品。企业调整等位知识单元串的过程是一个学习过程。从企业创新知识来源角度来看，可选择的学习策略包括自主创新策略、模仿创新和合作创新。采用自主创新策略的企业自主进行创新，不与其他企业或知识中心进行合作或接受知识溢出；采用模仿创新策略的企业通过接受适应度或对应知识单元专业水平高于自身的其他主体知识溢出，提升自身创新水平；采用合作创新策略的企业通过与其他企业或知识中心进行联合创新。一般假定企业在一期只采用一个策略。

2. 企业创新策略选择机制分析

企业如何选择合适的创新策略是探索产业集群创新系统时必须明确的问题。在本研究中，企业的重要行为之一是获取较大利润，企业进行创新的终极目标是提高知识资源转化为资本的效率。企业创新过程就是资本转化为知识的过程，企业创新行为包括创新程度选择和创新策略选择两方面，创新程度选择将在下文具体分析。创新策略选择是主体对具体一次创新所选择的方式，从资本向知识转化的角度来看，企业最优选择是在一定的知识资源创新目标下耗费最少的资本。在 CAS 系统理论视角下，考虑到主体的不完全信息和有限理性，此处借鉴 Gabriele Tedeschi（2014）提出的基于适应度的偏好链接过程，借此调整自身创新策略。借鉴这一处理思路，假定演化起点为每家企业随机选择一种创新策略，在演化过程中的时期 t（$t=1, 2, \cdots$）企业能够转换创新策略。在每一个演化期，企业随机选择一家创新程度与自身相同且资本水平高于自身的企业 j 作为模仿对象，记企业 j 的资本水平为 K_{jt}，易知 $K_{jt} > K_{it}$，且 $K_{jt} - K_{it}$ 越大，企业 i 复制企业 j 创新策略的概率越大，不妨假定企业 i 复制企业 j 创新策略的概率为：

$$PT_{it} = \frac{1}{1 + e^{-\mu(\pi_{jt} - \pi_{it})}} \tag{4-8}$$

其中，$\mu \in (0, +\infty)$ 表示信息信任度，主要衡量企业 i 对资本水平差异背后隐藏创新策略有效性的信任程度，μ 取值越大，企业间资本水平差异对企业 i 创新策略选择的影响越大。$\mu = 0$ 时，无论 $\pi_{jt} - \pi_{it}$ 取何值，$PT_{it} = 0.5$，此时企业 i 随机选择创新策略；只要 $\pi_{jt} - \pi_{it} \neq 0$，$\underset{\mu \to \infty}{LIM} \dfrac{1}{1 + e^{-\mu(\pi_{jt} - \pi_{it})}} = 1$，这就意味着当 μ 取值较大时，企业 i 以较大概率复制利润水平较高企业的创新策略。但需要说明的是，企业资本水平是各期演化积累的结果，企业 j 虽然在第 t 期的资本水平高于企业 i，但不代表企业 j 在第 t 期的创新策略就是最优的。企

业 i 以一定概率复制企业 j 的创新策略，恰好体现了 CAS 系统中主体的有限理性和不断试错、学习的过程。

（二）企业创新程度选择分析

1. 企业创新程度类型分析

March（1991）认为在高度不确定的环境中，组织作为一个适应性系统的中心问题是探索新的可能性和利用旧的确定性。从创新的程度来看，创新包括渐进式创新和激进式创新（如图 4-7、4-8 所示）。在适应度景貌地图中，一个等位知识单元串对应一座山，山的高度表征该等位知识单元串的市场适应度，从将企业创新过程视为在适应度景观地图上不断探索知识资源转化为资本效能最高的区域的过程角度来看，渐进式创新类似于企业从一个山谷不断向山峰攀爬的过程。因此，渐进式创新过程是企业对当前正利用的等位知识单元串进行不断精炼的过程，以充分挖掘等位知识单元串的盈利潜力，可以将这一过程理解为对知识深度的不断提升，也可以将渐进式创新理解为对旧的确定性的充分挖掘，在本研究中主要表现为不断提高等位知识单元串中各知识单元的专业水平。

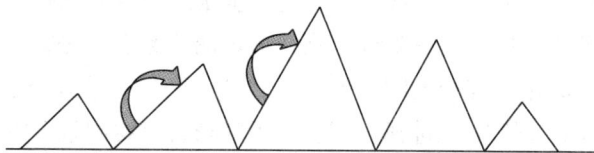

图 4-7　渐进式创新示意图

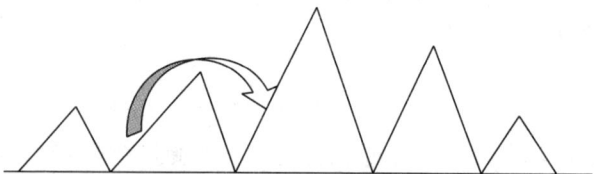

图 4-8　激进式创新示意图

激进式创新是对原有技术路径的颠覆，从适应度景貌地图上来看，激进式创新对应着创新主体从一座山跳跃向另一座山，企业改变原有生产过程中采用的等位知识单元串，试图发现新的细分市场，其中既包含着企业重新挖掘 kene 潜能，也包含着创造新的知识单元，改变企业原有 kene。因此，激进式创新具有较强冒险性和创新性，从企业 kene 变化来看，激进式创新加大了企业的知识宽度，这也就意味着激进式创新是探索新的可能性。

创新活动是一项复杂工程，无论是渐进创新还是激进创新，主体都需要做好必备人力、设备等基础资源准备。因此，假定创新活动存在最低的资本临界，记渐进创新的资本临界为 K_S、激进创新的资本临界为 K_R。如果能用于创新的资本数量低于临界，本期则停止创新活动。

2. 企业创新程度类型选择机制分析

关于渐进式创新和激进式创新对集群创新整体发展的重要性，理论界认识并不完全一致。一类观点认为创新扩散的作用比创新本身更加重要，甚至有学者认为激进式创新颠覆了原有的技术路径，重构了创新扩散网络，在理论研究中应予以排除；另一类观点认为知识溢出并不能产生持续创新，创新网络有意识的知识创造与传播才能产生持续创新。从产业集群创新系统整体来看，激进式创新可能增加集群创新整体的知识存量，渐进式创新提高集群创新整体对已有知识的利用效能。知识扩散是市场适应度（或盈利能力）较低的企业对市场适应度（或盈利能力）较高的企业进行知识学习的过程，知识扩散过程虽然提高了弱势企业的市场适应能力（或盈利能力），但从整体上并没有提高集群创新整体的知识储备。因此，笔者认为，从持续创新和产业集群创新系统整体应从外部竞争的角度来看，产业集群创新系统创新发展的理想状态应该是能进一步提高市场适应度的新知识不断涌现，并在集群创新内快速扩散，实现激进式创新和渐进式创新的相辅相成，使得集群创新整体能不断发现新的细分市场并快速占领市场。因此，对于集群创新整体来讲，激进式创新和渐进式创新具有同等重要的地位。

对于一个具体的企业来讲，何时进行激进式创新、何时进行渐进式创新这一方面的相关研究稍显薄弱。在 SKIN 模型中，作者认为如果企业以当前的等位知识单元串进行生产能够使其获得高于特定成功临界的利润，企业在下一周期将继续生产和销售相同产品；如果获得的利润低于成功临界，企业将考虑通过学习改变现有产品。也就是说，如果企业当前的产品获得利润高于成功利润临界，企业将选择渐进式创新，反之则进行激进式创新。这种处理思路一方面对于成功利润临界的确定并没有明确说明；另一方面，企业要想获取更高利润，既可以通过激进式创新探索新的细分市场来实现，也可以通过渐进式创新提高生产效率、降低生产成本来实现。

笔者认为在集群创新内部，企业之间是一种你追我赶的创新氛围，企业创新程度的选择是对自身收益变化和与其他企业相比较之后做出的综合决策。虽然企业可以掌握对集群创新中已经过市场检验的知识单元串的市场适应度，但具有有限理性的人们很难在事前建立完备规则来解释和固定模块间的相互作用，甚至发现所有模块间的联系，这就意味着所有创新主体都不拥有适应度景貌地图的全部信息，也就是说创新主体并不知道最优等位知识单元串。考虑到"干中学"等知识积累途径，可以假定企业只要还进行生产活动，就不会停止进行渐进式创新。在企业采取的某一等位知识单元串下，随着渐进式创新的不断深入，如果企业利润增加速度不断下降，一方面可能是企业生产能力已达到最大值；另一方面也可能是该细分市场总供给规模过大，此时企业将以较大概率退出该细分市场，进入竞争强度较低的细分市场。另外，资本逐利的本性也会导致企业尽可能选择市场竞争程度较低的市场，以便获取更高利润，这就意味着如果企业所在的细分市场价格远低于所有细分市场的价格最大值，企业越有可能通过激进式创新进入细分市场。

总体来看，企业在渐进式创新和激进式创新之间选择的主要依据是市场竞争程度，企业创新程度选择的主要目标是尽可能选择市场竞争程度较低的细分市场。在本研究中，市场竞争程度主要表现为市场价格，这就意味着企业当前价格与市场最高价格差距越大，企业越有可能采取激进式创新。不妨假设企业采取激进式创新的概率为：

$$P_R = \frac{MAXP_t - P_{it}}{1 + MAXP_t - P_{it}} \qquad (4-9)$$

其中，$MAXP_t$ 表示 t 时期所有企业价格的最大值，假定企业在一期创新资本投入在渐进式创新和激进式创新之间只选择一个。同时，考虑到企业逐利的目的，如果本期利润小于 0，生产技术水平 E_{it} 已接近最高水平时，说明企业目前所在的细分市场已出现过度竞争，企业会选择激进式创新探索其他市场。

(三) 渐进式创新机制分析

渐进式创新是由组织子系统所执行的旨在扩展和改进现有子系统绩效的局部搜索过程。在本研究中，渐进式研究是指在保持等位知识单元串中各知识单元知识属性不变的情况下，选择等位知识单元串中的专业水平进行调整。企业创新策略不同，企业调整某一知识单元的途径不完全一致。考虑到技术创新过程中的"干中学"和"用中学"的知识积累特征，企业在利用等位知识单元串中的知识进行产品生产过程中会提高自身的在该技术领域内的专业水平，每一周期内被用到的知识单元专业水平会增加，没被用到的知识单元专业水平会降低，这一特征是所有创新策略类型的企业共有的渐进式创新特征。对于采用模仿策略的企业来讲，会接受其他企业的知识溢出；对于采用自主创新策略的企业来讲，会通过自身投资改善专业水平；对于采取合作创新策略的企业来讲，会通过共享 kene 提高彼此想调整的知识单元的专业水平。

虽然企业可以通过渐进式创新不断提升等位知识单元串中各知识单元的专业水平，但从前文分析可知，等位知识单元串中各知识单元专业水平的乘积决定了企业的生产能力，企业的生产能力不可能无限制提高，即知识单元的专业水平存在上限。为简化分析，假定所有知识单元专业水平的上限为 T，依据常识可知，当某一知识单元专业水平较低时，企业通过学习可以较快提高其取值；当专业水平较高时，继续通过学习提高其取值的难度较大。同时，决定技术创新行为选择的关键是隐藏在能力背后的知识状态，组织的学习能力和知识吸收能力随着知识存量的增加而逐渐增大。不妨假定企业 i 在时期 t 的实现第 j 项功能的 u_j 项技术的知识吸收能力为：

$$L_{ijt} = \frac{(1+T)E^u_{ijt}}{T(1+E^u_{ijt})} \qquad (4-10)$$

其中，$\dfrac{(1+T)E^u_{ijt}}{T(1+E^u_{ijt})}$ 是 E^u_{ijt} 的递增函数，表示随着知识存量的增加，企业知识学习和吸收能力不断增强。$\dfrac{\mathrm{d}^2 \frac{(1+T)E^u_{ijt}}{T(1+E^u_{ijt})}}{\mathrm{d}(E^u_{ijt})^2} = \dfrac{-2(1+T)}{T(1+E^u_{ijt})^3} < 0$，表明随着该知识单元专业水平的提高，其提升难度不断增加；当 $E^u_{ijt} = 0$ 时，$L_{ijt} = 0$；当 $E^u_{ijt} = T$ 时，$L_{ijt} = 1$。吸收能力既表征了企业的学习速度，也表征了企业的知识整合能力。

1. 渐进式创新自身积累机制分析

企业通过自身积累进行渐进式创新主要考虑"干中学"和"用中学"，专业水平提升幅度是产量的函数。为便于和其他渐进创新策略做比较，此处将产量表示为生产函数的形式，不妨假定企业知识单元专业水平通过自身积累提高的演化机制为：

$$E^u_{ijt+1} = E^u_{ijt} + (T - E^u_{ijt}) \times L_{ijt} \times \frac{1}{1+\mathrm{e}^{-Q_{it}}} \qquad (4-11)$$

其中，$Q_{it} = E_{it}K^c_{it}$［式（4-2）］。易知，当 $E_{it}K^c_{it}$ 逼近无穷大、L_{ijt} 逼近 1 时，E^u_{ijt} 极限为 T，符合专业技术水平变化基本规律。但式（11）仅考虑了时期 t 参与生产的知识单元，没有考虑知识遗忘问题，如果第 t 期企业没有采用技术 A^u_{ijt+1} 进行生产，该技术的专业水平将会降低。假定通过自身积累机制企业知识单元专业水平的提升幅度与降低幅度相同，同时考虑到专业技术水平最低为1，对于 t 时期没有参加生产的知识单元，其专业水平为：

$$E_{ijt+1}^{u} = \begin{cases} E_{ijt}^{u} - (T - E_{ijt}^{u}) \times L_{ijt} \times \dfrac{1}{1+\mathrm{e}^{-Q_{it}}}, & \text{当} E_{ijt}^{u} - (T - E_{ijt}^{u}) \times L_{ijt} \times \dfrac{1}{1+\mathrm{e}^{-Q_{it}}} > 1 \\ 1, & \text{当} E_{ijt}^{u} - (T - E_{ijt}^{u}) \times L_{ijt} \times \dfrac{1}{1+\mathrm{e}^{-Q_{it}}} \leqslant 1 \end{cases}$$

$$(4-12)$$

由于自身积累形式的渐进式创新伴随着企业的生产过程，因此，只要企业进行生产活动，自身积累形式的渐进式创新就会发生。

2. 自主创新企业渐进式创新机制分析

自主创新企业除了可以通过自身积累机制改变各知识单元的专业水平外，还可以通过专门投资提升相应知识单元的专业水平，由式（4-3）可知，对于企业 i 在时期 t 采用的等位知识单元串 $S = (S_1, \cdots, S_N) \left\{ \begin{Bmatrix} C_1 \\ A_{i1}^{u_1} \\ E_{i1}^{u_1} \end{Bmatrix}, \begin{Bmatrix} C_2 \\ A_{i2}^{u_2} \\ E_{i2}^{u_2} \end{Bmatrix}, \cdots, \begin{Bmatrix} C_N \\ A_{iN}^{u_N} \\ E_{iN}^{u_N} \end{Bmatrix} \right\}$ 来讲，各知识单元的专业水平对企业整体的生产技术水平影响力是相同的。根据自身积累机制的分析，专业水平越高，进一步提高的难度越大，就意味着企业需要投入更多资金。因此，企业 i 在第 t 期会选择专业水平最低的知识单元提高其专业水平。假定自主创新决策下选中的知识单元专业水平演化机制为：

$$E_{ijt+1}^{u} = E_{ijt}^{u} + (T - E_{ijt}^{u}) \times L_{ijt} \times (1 - \mathrm{e}^{-\alpha K_{it}^{SI}}) \qquad (4-13)$$

其中，α 表示企业渐进式学习效率，且 $\alpha \in [0,1]$，K_{it}^{SI} 表示本期的渐进创新投入。由前文可知，企业一次渐进式创新最低投入资本量为 K_S。对于采取自主创新的企业，首先确定渐进式创新可投入资本 $K_{it} - K_{it}^{c}$ 与 K_S 的关系，如果 $K_{it} - K_{it}^{c} \geqslant K_S$，则企业 i 在时期 t 按照可投入资本量 $K_{it}^{SI} = K_{it} - K_{it}^{c}$ 进行渐进式创新；如果 $K_{it} - K_{it}^{c} < K_S$，企业向金融机构申请贷款，贷款量为 $K_{it}^{bI} = K_S - K_{it}^{S}$。如果贷款成功，企业投入的渐进式创新资本为 K_S，否则企业 i 本期无法进行渐进式创新。

$$K_{it}^{SI} = \begin{cases} K_{it} - K_{it}^{c}, & \text{当} K_{it} - K_{it}^{c} \geqslant K_S \\ K_S, & \text{当} K_{it} - K_{it}^{c} < K_S, \text{且向金融机构借款成功} \\ 0, & \text{当} K_{it} - K_{it}^{c} < K_S, \text{且向金融机构借款失败} \end{cases} \qquad (4-14)$$

此处，企业有可能与金融机构再次发生条件交换，条件检验类似生产性融资，此处不再赘述。

3. 模仿创新企业渐进式创新机制分析

知识溢出是一种非自愿的知识扩散。关于知识溢出在集群创新系统中的作用，学者们观点并不完全一致。克鲁格曼认为知识流动是无法观察的，同时很多高度地方化的产业并不是高技术产业，因此知识溢出并不是产业集群形成的主要原因。马歇尔在产业区理论中高度重视知识溢出的作用。实证研究的结果也证实虽然知识溢出具有空间边界，但产业集群内确实存在知识溢出，且对企业创新能力存在正向影响。我国学者对此问题也存在类似看法，李勇等（2006）认为知识溢出并不能产生持续创新，而徐莹莹等（2016）认为创新扩散是潜在采纳者对已采纳者的模仿行为，创新扩散的作用比创新本身更加重要。模仿创新者在学习模仿对象的某一知识单元专业水平时，并没有向模仿对象支付成本或交换资源，因此，模仿创新者只能对模仿对象的知识溢出部分进行学习。

假定模仿者 i 选择等位知识单元串中专业水平最低的知识单元进行模仿创新，当模仿者足够多的时候，可以用均匀分布近似描述模仿者的决策情况。假定模仿者 i 从等位知识单元串中高于自身水平的企业中随机选择企业 j 作为模仿对象，相较于马歇尔时代知识产权保护的状况，目前知识产权保护已逐渐成为企业共识，有的企业甚至要求员工离职一定时期内不得从事原相关岗位工作。因此，知识溢出量受到企业知识产权保护意识强度的影响。为简化分析，假定所有企业的知识产权保护力度同为 I_{pr}，考虑到组织的学习能力和知识吸收能力随着知识存量的增加而逐渐增大，以及随着专业水平提高，提升难度不断增大，同时专业水平差距过大可能会造成模仿者理解的困难，因此，当两企业对应知识单元专业水平差距为 δ 时，能吸收的知识量最大。假定企业 i 向企业 o 模仿学习过程中专业水平的演化的动态方程为：

$$E_{ijt+1}^{u} = E_{ijt}^{u} + L_{ijt}I_{pr}\,\mathrm{e}^{-(E_{ojt}^{u}-E_{ijt}^{u}-\delta)^2}(E_{ojt}^{u}-E_{ijt}^{u}) \qquad (4-15)$$

其中，$0 < \mathrm{e}^{-(E_{ojt}^{u}-E_{ijt}^{u}-\delta)^2} \leqslant 1$，在 $E_{ojt}^{u}-E_{ijt}^{u}=\delta$ 时取到最大值 1，$\mathrm{e}^{-(E_{ojt}^{u}-E_{ijt}^{u}-\delta)^2}(E_{ojt}^{u}-E_{ijt}^{u})$ 表示 t 时期企业 o 可转移给模仿企业 i 的知识量。这意味着即使企业 o 不考虑知识产权保护，企业 i 的学习和吸收能力达到 1，E_{ijt+1}^{u} 仍小于 E_{ojt}^{u}。

虽然模仿创新从专业水平演化的动态方程来看，似乎不需要投资，但如前文所述，必要的创新准备工作仍是必备的。因此，假定实施模仿创新策略的企业需投入 K_s 单位的创新资本。

4. 合作创新企业渐进式创新机制分析

知识共享不仅可以带来规模经济和范围经济，而且可以带来联结经济优势。由于知识溢出对于被模仿企业来讲并非自愿行为，因此，产业集群创新系统并非知识共享的主要方式，创新合作可以加快企业学习和创新过程，降低创新风险，实现知识水平和创新能力的快速提升，成为集群创新中主要的知识共享方式。产业集群创新网络中大部分成员间的关系为非正式关系，不具备严格的契约关系，成员间的知识共享主要依赖自我决策和其他成员的合作意愿。

引起企业间创新合作的第一步是企业自身首先做出创新决策，依据前文分析，此处仍假定企业选择第 t 期专业水平最低的知识单元进行创新。第二步是选择合适合作伙伴。关于创新伙伴选择原则，学者们提出了多种观点。李勇等（2006）认为网络中的企业与其他主体建立连接时主要考虑两点，其一是适度知识差异，其二是尽量选择影响力大的伙伴（本质上就是社会资本观）。田刚等（2010）认为创新主体通过地理邻近性选择合作伙伴。而黄玮强等（2012）由于集群创新内主体本身具有较强的地理邻近性，相对地理位置对知识流动和扩散没有显著影响，两主体间合作成功的概率取决于知识距离和合作关系距离，合作关系存续与否取决于关系存在给双方带来的收益比较，如果关系存在能使双方受益增加，则关系继续存在，否则将取消合作。蔡猷花等（2013）区分了新加入企业和在位企业合作伙伴选择的不同机制，认为新加入企业按照节点度优先链接原则选择合作伙伴，在位企业在选择合作伙伴时主要考量双方的知识互补程度，且两节点间建立合作关系的概率与知识互补程度之间呈现倒 U 形关系。禹献云等（2013）提出了创新伙伴搜索的一级邻居搜索（与创新主体曾经有过合作的主体）、二级邻居搜索（一级邻居的邻居）和全域搜索三种搜索规则，并假定如果一级邻居搜索不到满足自身要求的知识源，则在二级邻居中搜索，如果仍搜索不到，则进行全域搜索。来向红（2014）通过仿真分析比较了社会资本观和知识互补观下合作伙伴选择对集群创新绩效的影响，并认为对于渐进式创新来说，知识吸收能力对知识共享具有较大影响，基于社会资本观选择合作伙伴绩效较高；对于激进式创新来说，知识创造占主导地位，基于知识互补选择合作伙伴创新绩效较高。刘晓燕等（2015）系统分析了基于知识互补观、学习能力观、创新能力观、社会资本观等视角下的合作伙伴选择机制对集群创新网络演化的影响，并认为出于保护自身核心竞争力的需要，企业应选择学习能力适中的合作伙伴。

知识共享的实质是企业双方对"共享"和"不共享"进行选择的博弈过程，基于收益分析的合作伙伴关系选择是理性主体应遵循的基本原则。从渐进式创新的角度来看，企业创新的直接目的是为了提高专业水平，基于社会资本观、创新能力观下的伙伴选择主要考虑的是从合作伙伴处吸收尽可能多的知识。对基于地理距离观的合作伙伴选择，笔者认同黄玮强等（2012）的观点。一般来讲，集群空间范围不会太大，同行业间相对较为熟悉，在不考虑信息搜索成本的前提下，相对空间距离对知识流动影响不会太显著。与知识溢出不同，渐进式创新下的合作创新本质上是合作伙伴间知识资源的交换，集群创新系统是一个复杂自适应系统，对于进行渐进式创新合作的两个主体——知识与资源交换——本书采用回声模型中资源交换机制设置渐进式创新合作机制。虽然集群创新内的企业间空间距离不会太大，但信息搜索依然存在成本，至少存在时间成本和交易成本。因此，借鉴禹献云等（2013）的观点，创新企业首先在一级邻居内寻找合作伙伴，如果无法建立合作关系，则直接全域搜索合作伙伴。企业选择的知识单元串仍假定为等位知识单元串中专业水平最低的知识单元。

假定企业 i 在时期 t 提升知识 A_{ia}^{u} 的专业水平 E_{ial}^{ua}，企业 j 提高知识 A_{jb}^{u} 的专业水平 E_{jbt}^{u}。如前文所述，进攻标识主要用于与其他主体的联系和接触，主要作用是探查其他主体中是否有该主体所需的资源。因此，企业在进行合作伙伴选择时，首先通过进攻标识搜索其他企业当前采用的等位知识单元串中是否存在自身想提升的知识单元。对于企业 i 来讲，与企业 j 建立合作伙伴关系的基础条件是 $E_{iat}^{ua} < E_{jat}^{ua}$。同理，企业 j 与企业 i 建立合作伙伴关系的基础条件是 $E_{jbt}^{ub} < E_{ibt}^{ub}$。虽然在回声模型中仅设定不满足交换条件的主体有机会逃离，但对于集群创新系统中的企业来讲，如果某一企业的交换条件不满足，合作伙伴关系就无法建立，知识交换就无法进行。因此，合作伙伴的建立需要双方的交换条件同时满足，即双方建立合作关系的基础条件为：$(E_{ibt}^{ub} - E_{jbt}^{ub})(E_{jat}^{ua} - E_{iat}^{ua}) > 0$。在交换条件满足后，各企业计算匹配度。企业合作的目的是提升自身专业水平，因此，各企业都会选择能尽可能提升自身专业水平的企业展开合作。对于开展合作创新的两个主体来讲，可以忽略知识产权保护问题。类比于式（12），企业 i 与企业 j 建立合作伙伴关系后，专业水平的增长量为：

$$\Delta E_{iat}^{u} = L_{ijt}\, e^{-(E_{jat}^{u} - E_{iat}^{u} - \delta)^2}(E_{jat}^{u} - E_{iat}^{u}) \qquad (4-16)$$

假定企业 i 在时期 t 探索到 k 家企业满足交换基础条件，企业 i 会逐家计算双方合作后的专业水平增量。假定增量和为 Δ_{Eit}，那么企业 i 与企业 j 间的匹配度可设置为：

$$FT_{ij} = \frac{\Delta E_{iat}^{u}}{\Delta_{Eit}} \qquad (4-17)$$

易知 $0 \leqslant FT_{ij} \leqslant 1$，同理，可计算企业 j 与企业 i 间的匹配度 FT_{ji}，那么双方达成合作意向的概率为：

$$PFT_{ij} = FT_{ij} \times FT_{ji} \qquad (4-18)$$

模仿创新是企业对模仿对象当前正在使用的等位知识单元串中知识单元专业水平的模仿，而合作创新是两企业间的深度合作，双方公开彼此知识资源库KENE，以体现合作创新与模仿创新的差异。虽然合作创新是两企业间的知识资源交换，类似于模仿创新，假定实施合作渐进创新策略的两家企业仍需分别配置 K_S 单位创新资本。

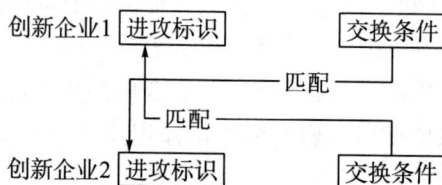

图 4-9　两企业渐进式创新合作示意图

（四）激进式创新机制分析

由前文所述可知，激进式创新主要针对知识属性（即实现某一功能的技术）进行创新，表现为企业所采用的等位知识单元串中的 A 部分发生改变。相较于渐进创新企业在适应度景观地图中的局部优化，激进式创新类似于企业从一座山"跳跃"向另一座山。在企业由山谷逐渐向山顶攀爬的渐进式创新过程中，企业一般不会出现创新失误，但由于企业不具备适应度景观地图的全貌，激进式创新并不保证企业新发现的"山"的山峰高度一定高于原来所在的山的山峰高度，这就意味着激进式创新是一个不断试错的过程。为简化分析，假定采取激进式创新的企业每一次创新只探索某一项功能的知识属性（即实现该功能的技术）改变。企业可以采用的创新策略也包括自主创新、模仿创新和合作创新三类。

1. 创新知识单元选择

由于企业一次只对等位知识单元串中的一个知识单元进行激进式创新，而企业进行激进式创新的最终目标是进入获利潜力更大的细分市场。因此，企业将会选择在位企业中价格水平最高的企业作为参照，比对价格水平最高企业的等位知识单元串，并从二者的差异等位知识单元中随机选择一个进行创新。如果企业本身价格水平是最高的，该企业将从等位知识单元串中随机选择一个进行创新，如果企业确定的创新知识单元在企业知识资源库中已经存在，则企业直接将知识资源库中的知识单元整体替换等位知识单元串中对应的知识单元，否则企业将开展激进式创新活动。由于激进创新是对新的细分市场的探索，且一次只创新一个知识单元，这就意味着一次激进创新并不能保证企业能够进入价格水平最高的细分市场。如果企业对等位知识单元串中的一个知识单元创新成功后，新的细分市场价格水平低于原细分市场，企业将不会进行激进式创新；如果新的细分市场价格水平高于原细分市场，企业则确定对该知识单元进行创新。

2. 知识单元创新能力测度

需要指出的是，渐进式创新主要针对的是专业水平，作为对某一技术的精通程度，渐进式创新是一个连续过程，而激进式创新针对的是某一知识单元知识属性是否掌握。对某一次激进式创新而言，创新成功与否服从伯努利分布。因此，对激进性创新而言，重点需要探索的是创新成功的概率。

假定企业创新的知识单元为 $(C_r, A_{ir}^u, E_{ir}^u)$，组织的学习能力和知识吸收能力随着知识存量的增加而逐渐增大，同时对于创新能力来讲，存量知识是创新能力的基础。张伟等（2011）的研究结果表明在主体不断进行知识整合和创造的过程中，主体知识存量不断增加，呈现 S 形变化趋势，这也间接表明企业新知识的创造能力随知识存量增加呈现 S 形变化趋势。由前文可知，知识空间中存在 $\sum_{i=1}^{N} m_i$ 个知识单元。假定时期 t 企业 i 资源库中拥有 n_{it} 个知识单元，不妨假定时期 t 企业 i 的知识创新能力为：

$$IC_{it} = \frac{1}{1 + e^{-\frac{1}{\sum_{i=1}^{N} m_i - n_{it}}}} \qquad (4-19)$$

3. 自主创新企业激进式创新机制分析

如同渐进式创新相关分析，采用自主创新决策的企业不与其他企业或知识中心合作，同时也不接受知识溢出，在这种情况下激进式自主创新主要依靠企业自身投资研发。借鉴 Gabriele tedeschi 等（2014）的处理思路，企业研发投资越大，创新成功的概率越高，即：

$$Z_{irt}^c = (1 - e^{-\gamma_I K_{it}^{SR}}) IC_{it} \qquad (4-20)$$

其中，γ_I 表示自主创新的效率，Z_{irt}^c 表示时期 t 企业 i 对知识单元 $(C_r, A_{ir}^u, E_{ir}^u)$ 知识属性创新成功的概率，如果创新成功，E_{ir}^u 自动设置为1，否则企业将继续采用原来的等位知识单元串进行生产。K_{it}^{SR} 表示时期 t 自主创

新企业 i 在知识单元 $(C_r, A_{ir}^u, E_{ir}^u)$ 创新中投入的资本量。假定一次激进式创新最低投入资本量为 K_R，对于实施激进式创新的企业，在安排完当期生产资本后，剩余资本 $K_{it} - K_{it}^c$ 用于激进式创新，如果 $K_{it} - K_{it}^c \geqslant K_R$，则自主创新企业投入的激进式研发资本量 $K_{it}^{SR} = K_{it} - K_{it}^c$；如果 $K_{it} - K_{it}^c < K_R$，企业向金融机构借款 $K_{it}^{bR} = K_R - (K_{it} - K_{it}^c)$ 单位资本，本期投入的资本量为 K_R，否则本期企业无法进行研发活动。即：

$$K_{it}^{SR} = \begin{cases} K_{it} - K_{it}^c, \text{当 } K_{it} - K_{it}^c \geqslant K_R \\ K_R, \text{当 } K_{it} - K_{it}^c < K_R, \text{并向银行借款成功} \\ 0, \text{当 } K_{it} - K_{it}^c < K_R, \text{并向银行借款失败} \end{cases} \quad (4-21)$$

4. 模仿创新企业激进式创新机制分析

与渐进式创新中模仿者可以无成本吸收和整合知识溢出者的知识溢出不同，对于激进式创新而言，由于创新成果属于全新知识，模仿者也需要进行重新学习，与自主创新者相比，模仿者可以节约部分市场调研成本。类似于渐进式创新中的知识产权保护，激进式创新中也同样存在知识产权保护。不妨假设模仿者模仿成功的概率为：

$$Z_{irt}^m = (1 - e^{-\gamma_m K_{it}^{SR}})(1 - I_{pr})IC_{it} \quad (4-22)$$

其中，K_{it}^{SR} 表示时期 t 模仿创新企业 i 在知识单元 $(C_r, A_{ir}^u, E_{ir}^u)$ 创新中投入的资本量，γ_m 表示模仿创新的效率，为表征模仿者激进式创新的成本节约，假定 $\gamma_m > \gamma_1$。Z_{irt}^m 表示时期 t 企业 i 对知识单元 $(C_r, A_{ir}^u, E_{ir}^u)$ 知识属性模仿创新成功的概率，如果创新成功，E_{ir}^u 自动设置为模仿对象对应专业化水平减1，但当模仿对象的专业水平为1，仍设置为1，否则企业将继续采用原来的等位知识单元串进行生产。虽然模仿创新投入可能会较低，但相较于模仿知识单元的专业水平，模仿新的知识单元也需要有一定投入，成本节约部分主要体现在 $\gamma_m > \gamma_1$。因此，类似于渐进式模仿创新，仍然假定一次模仿式激进创新仍需投入 K_R 单位的资本。

5. 合作创新企业激进式创新机制分析

合作创新是集群创新中重要的创新形式。目前关于集群内主体间合作创新的研究主要集中在两主体间的知识资源交换。肖华茂等（2010）构建了一个两商品、两类知识的简单经济系统，探索了两企业合作生产的条件。Andreas Pyka 等（2002）在探索创新主体间的合作时，认为集群内主体可以考虑通过建立联盟、合资企业等形式与其他企业开展合作，以吸纳其他企业的创新知识资源。一个主体在比较自身和潜在合作伙伴的创新假说知识属性的基础上，有两种选择合作伙伴的策略：其一是保守策略，选择保守策略的企业在选择合作伙伴时更容易被与其有相似知识属性的主体吸引；其二是渐进式策略，选择渐进式策略的主体更容易被与其有不同知识属性的主体吸引。对于已经建立合作伙伴的两个主体来讲，每个主体仅需学习对方使用频繁的创新知识，并将对方创新假说中的知识单元纳入自身知识单元中。需要注意的是，若每个主体仅学习合作伙伴创新假说中与自身不同的知识单元，考虑到整合外部知识的困难，每个主体从合作伙伴创新假说中吸收来的知识单元专业水平将降为最低。如果合作伙伴拥有与自身类似的知识属性和专业技能，但专业水平较高，主体将用合作伙伴的知识单元替换自身的知识单元；如果合作伙伴的专业水平低于自身水平，主体将保持自身知识单元不变。在知识转移过程结束后，每个企业单独利用创新假说生产自己的产品，由于学习了合作伙伴的技能，主体将至少拥有较高的专业水平。由于本书假定企业每一期仅创新一个知识单元，无论是保守策略，还是渐进式策略，效果将是相同的。主体间以知识资源交换为基础的合作虽然有可能提高双方的适应度，但是从集群整体来看，并没有增加整体知识存量。因此，主体间合作应包括知识交换和合作开发两种基本形式。

对于激进式创新来讲，企业可以选择的合作对象除了其他企业，还有知识中心，因此激进式合作创新存在企业—企业式的创新合作和企业—知识中心式的创新合作两种情况。由于知识中心只进行知识单元的研发，并不进行生产活动。为简化分析，假定知识中心不向企业学习知识单元，即企业—知识中心式的创新合作不存在知识交换，双方要么进行合作研发，要么知识中心向企业转让知识产权；企业—企业式的创新合作不考虑企业间知识产权转让问题，双方要么进行联合研发，要么进行知识交换。

（1）企业—企业激进式联合研发。

企业与企业进行激进式联合研发的前提是两家企业都准备探索相同知识单元（$C_r, A_{ijr}^u, E_{ijr}^u$），联合研发时，共同将资源库中的知识资源用于新知识研发，两合作企业的合作创新能力为：

$$IC_{ijt} = \frac{1}{1 + e^{\frac{1}{n_{ijt} - \sum_{i=1}^{N} m_i}}} \qquad (4-23)$$

其中，n_{ijt} 是企业 i 和企业 j 共同拥有的知识单元个数，双方拥有的相同知识单元仅记一次。

两企业间联合研发成功的概率假定为：

$$PA_{IJu_r} = IC_{ijt} \times (1 - e^{-\gamma_I K_{ijt}^{SR}}) \qquad (4-24)$$

其中，PA_{IJu_r} 表示企业 i 和企业 j 在技术 $A_I^{u_r}$ 研发成功的概率，r_I 表示合作双方的知识学习能力，K_{ijt}^{SR} 表示合作双方共同投资的激进式创新资本量。如果研发成功，合作关系自动解除，双方资源库中知识资源自动增加知识单元 $(C_r, A_{ir}^{u_r}, E_{ir}^{u_r})$，并对各自的等位知识单元串进行更新。为简化分析，假定一次创新合作双方投资资本量相同。如前文所述，一次激进式研发最低需投入 K_R 单位资本。也就是说，如果 $K_{it} - K_{it}^c \geqslant K_R, K_{jt} - K_{jt}^c \geqslant K_R$，双方分别投入 $\min[(K_{it} - K_{it}^c), (K_{jt} - K_{jt}^c)]$ 单位创新资本，双方共同投入的合作研发资本总量为：$K_{ijt}^{SR} = 2 \times \min[(K_{it} - K_{it}^c), (K_{it} - K_{jt}^c)]$。如果 $K_{it} - K_{it}^c \geqslant K_R$，$K_{jt} - K_{jt}^c \geqslant K_R$ 有一个不成立，例如，企业 i 条件不成立，不成立的企业向金融机构贷款，贷款量为 $K_{it}^{bR} = K_R - (K_{it} - K_{it}^c)$，双方分别投入 K_R 单位联合研发资本，双方共同投入的联合研发资本量为 K_R。如果贷款不成功，双方合作取消。

$$K_{ijt}^{SR} = \begin{cases} 2 \times \min[(K_{it} - K_{it}^c), (K_{it} - K_{jt}^c)], & \text{当 } K_{it} - K_{it}^c \geqslant K_R \text{ 且 } K_{jt} - K_{jt}^c \geqslant K_R \\ K_R, & \text{当 } K_{it} - K_{it}^c < K_R \text{ 或 } K_{jt} - K_{jt}^c < K_R, \text{贷款成功} \\ 0, & \text{当 } K_{it} - K_{it}^c < K_R \text{ 或 } K_{jt} - K_{jt}^c < K_R, \text{贷款失败} \end{cases}$$

$$(4-25)$$

考虑到企业—企业激进式联合研发需要双方共同投资，且共同投资额越大，创新成功的概率越高，每一家企业都将选择创新成功概率较大的合作伙伴进行激进式联合研发。那么，企业 i 和企业 j 本期合作成功的概率为：

$$PA_{i \leftrightarrow j} = \frac{PA_{IJu_r}}{PA_{i\max}} \times \frac{PA_{IJu_r}}{PA_{j\max}} \qquad (4-26)$$

其中，$PA_{i\max}$ 和 $PA_{j\max}$ 分别表示企业 i 和企业 j 所选择的合作伙伴中激进式联合研发成功的最大概率。

（2）企业—企业激进式知识交换。

企业与企业进行知识交换式激进创新，双方必须拥有彼此需要的知识单元，并进行互换。考虑到知识整合的困难，互换知识单元后双方彼此获取对方的知识单元对应专业水平设为最低值。记企业 i 和企业 j 时期 t 的等位知识单元串分别为 S_i 和 S_j，企业 i 创新知识单元为 $(C_r, A_{ir}^{u_r}, E_{ir}^{u_r})$，企业 j 创新知识单元为 $(C_h, A_{ih}^{u_h}, E_{ih}^{u_h})$，双方达成合作的前提是企业 i 的资源库中拥有知识单元 $(C_h, A_{ih}^{u_h}, E_{ih}^{u_h})$，企业 j 的资源库中拥有知识单元 $(C_r, A_{ir}^{u_r}, E_{ir}^{u_r})$，否则知识单元交换无法进行。交换条件成立后，企业 i 的资源库中增加知识单元 $(C_r, A_{ir}^{u_r}, E_{ir}^{u_r})$，企业 j 的资源库中增加知识单元 $(C_h, A_{ih}^{u_h}, E_{ih}^{u_h})$。为体现合作创新合作深度高于模仿创新，此处并同步将专业水平设置为合作对象的专业水平，那么通过激进式知识交换后，等位知识单元串中对应功能位置的知识单元进行更新。具体过程如图 4-10 所示。

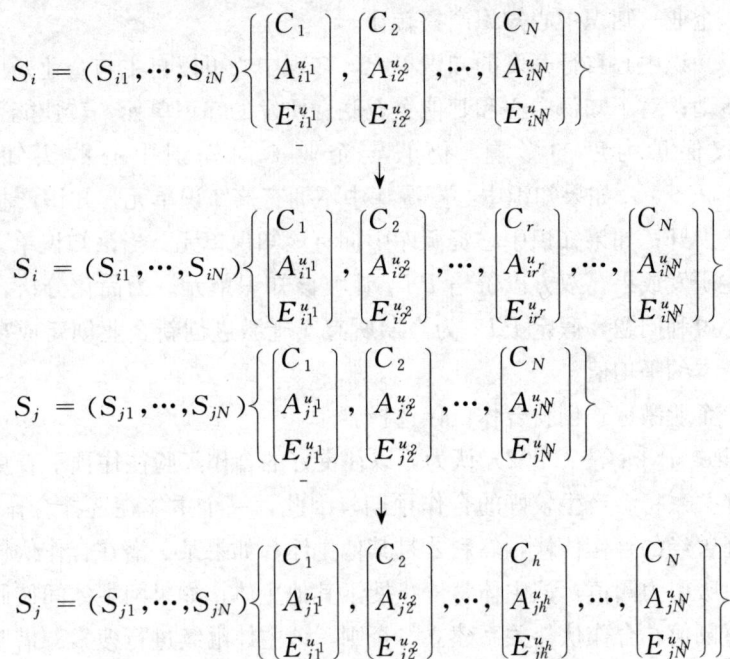

$$S_i = (S_{i1}, \cdots, S_{iN}) \left\{ \begin{bmatrix} C_1 \\ A_{i1}^{u_1} \\ E_{i1}^{u_1} \end{bmatrix}, \begin{bmatrix} C_2 \\ A_{i2}^{u_2} \\ E_{i2}^{u_2} \end{bmatrix}, \cdots, \begin{bmatrix} C_N \\ A_{iN}^{u_N} \\ E_{iN}^{u_N} \end{bmatrix} \right\}$$

$$\downarrow$$

$$S_i = (S_{i1}, \cdots, S_{iN}) \left\{ \begin{bmatrix} C_1 \\ A_{i1}^{u_1} \\ E_{i1}^{u_1} \end{bmatrix}, \begin{bmatrix} C_2 \\ A_{i2}^{u_2} \\ E_{i2}^{u_2} \end{bmatrix}, \cdots, \begin{bmatrix} C_r \\ A_{ir}^{u_r} \\ E_{ir}^{u_r} \end{bmatrix}, \cdots, \begin{bmatrix} C_N \\ A_{iN}^{u_N} \\ E_{iN}^{u_N} \end{bmatrix} \right\}$$

$$S_j = (S_{j1}, \cdots, S_{jN}) \left\{ \begin{bmatrix} C_1 \\ A_{j1}^{u_1} \\ E_{j1}^{u_1} \end{bmatrix}, \begin{bmatrix} C_2 \\ A_{j2}^{u_2} \\ E_{j2}^{u_2} \end{bmatrix}, \cdots, \begin{bmatrix} C_N \\ A_{jN}^{u_N} \\ E_{jN}^{u_N} \end{bmatrix} \right\}$$

$$\downarrow$$

$$S_j = (S_{j1}, \cdots, S_{jN}) \left\{ \begin{bmatrix} C_1 \\ A_{j1}^{u_1} \\ E_{j1}^{u_1} \end{bmatrix}, \begin{bmatrix} C_2 \\ A_{j2}^{u_2} \\ E_{j2}^{u_2} \end{bmatrix}, \cdots, \begin{bmatrix} C_h \\ A_{jh}^{u_h} \\ E_{jh}^{u_h} \end{bmatrix}, \cdots, \begin{bmatrix} C_N \\ A_{jN}^{u_N} \\ E_{jN}^{u_N} \end{bmatrix} \right\}$$

图 4-10　企业激进式知识交换示意图

（3）企业—知识中心联合研发。

由于知识单元交换同步交换了知识和专业水平，因此，在满足可交换条件的基础上，企业会尽可能选择专业水平较高的企业作为合作伙伴。不妨假定企业 i 在所有满足交换条件的合作伙伴中对应知识单元的最高专业水平为 $\max A_{ir}^{u}$，企业 j 在所有满足交换条件的合作伙伴中对应知识单元的最高专业水平为 $\max A_{jh}^{u}$，在企业 i 和企业 j 满足基础交换条件的前提下，双方合作成功的概率假定为：

$$PA_{IS_{u_r}} = IC_{iSt} \times (1 - e^{-\gamma_I K_{it}^{SR}}) \qquad (4-27)$$

类似于渐进式企业间联合创新，假定实施激进式知识交换的两家企业需分别投入 K_R 单位的资本。

在本研究中，由于设定知识中心不进行生产活动，这就意味着知识中心的行为集中在知识单元的探索上，但企业与知识中心联合研发的知识单元双方共享，企业为了保持自身竞争力以及创新收益，一般会限制知识中心向其他企业转移联合研发成果，这就意味着知识中心资源库中与企业联合研发的知识单元将会受到知识产权保护，知识中心不能随意扩散此类知识单元。不过，为了简化分析，后文模拟过程中未考虑此类知识单元的知识产权保护问题。

（4）企业—知识中心知识产权转让。

对于知识中心自行开发的知识单元，知识中心可以自主与企业开展知识产权转让活动；对于知识中心和其他企业联合研发的知识单元，转让能否成功受知识产权保护力度的影响。仍假定企业 i 向知识中心购买知识单元 $(C_r, A_{ir}^u, E_{ir}^u)$，如果知识中心资源库中不拥有该知识单元，知识产权转让活动就无法展开；如果知识中心资源库中拥有该知识单元，当该知识单元是知识中心自主研发成果，双方以价格 PT_r 让渡该知识单元。为简化分析，不考虑知识中心盈利问题，假定 PT_r 为当期所有实施激进创新企业创新成功企业激进创新资本的平均值。

（5）企业激进式创新合作伙伴选择。

AndreasPyka 等（2002）认为，以往良好的合作经验往往预示着重新建立合作伙伴关系将会产生较好的合作预期，因此，一个主体在选择合作伙伴时，优先选择曾经的合作伙伴，然后才是其他主体；如果某一潜在合作伙伴已经能产生超过吸引力阈值，该主体将停止搜索其他主体；如果两主体间彼此吸引力都能超过阈值，合作伙伴关系建立，否则，该主体继续进行搜索。借鉴这一思想，对于激进式合作创新，主体首先在曾经的合作伙伴中探寻到可合作主体，并从中选择资本水平最高的主体建立合作关系。如果双方彼此满足交换条件，伙伴关系建立，并开展合作创新，否则面向全局展开搜索。

综上可见，从创新策略和创新程度两个维度来看，企业创新行为包括渐进式自身积累创新、渐进式自主创新、渐进式模仿创新、渐进式合作创新、激进式自主创新、激进式模仿创新、企业—企业激进式联合研发、企业—企业激进式知识交换、企业—知识中心联合研发、企业—知识中心知识产权转让等形式（如表4-1所示）。其中，渐进式自身积累是企业通过"干中学"实现的等位知识单元串专业水平的提升，其余九种行为是企业间通过前期利润水平对比后适应性选择的结果，一般假定每一期一个企业只选择其中一个行为。

表 4-1　企业创新行为

编号	创新行为	说明
1	渐进式自身积累创新	每期自动进行
2	渐进式自主创新	每一期根据前期策略模仿对象，调整创新行为，对于企业—企业激进式联合研发、企业—知识中心联合研发两种策略，如果本期研发成功，则合作关系解除
3	渐进式模仿创新	
4	渐进式合作创新	
5	激进式自主创新	
6	激进式模仿创新	
7	企业—企业激进式联合研发	
8	企业—企业激进式知识交换	
9	企业—知识中心联合研发	
10	企业—知识中心知识产权转让	

　　由于企业激进式创新涉及策略较多，大部分策略都需要有严格的交换条件（回声模型专有名词，并非仅指策略8，如果交换条件不满足，条件交换将无法进行），企业每一次创新都需要配置至少激进创新临界单位资本，如果一种策略的交换条件不满足，企业会选择其他可行策略进行激进式创新。在下一章的仿真实验中，为企业设置了如图 4-11 所示策略转变路径，以保障企业与知识中心间的互动。

图 4-11　企业激进式创新策略转移示意图

　　实施激进式模仿创新、企业—企业激进式联合研发或企业—企业激进式知识交换的企业如果没有探索到满足交换条件的对象，将实施企业—知识中心联合研发；如果企业选择的创新知识单元已存在于知识中心的资源库中，双方已经没有合作基础，企业将实施企业—知识中心知识产权转让。对于实施激进式自主创新策略的企业，如果配置的创新资本水平高于激进式创新资本临界，将开展激进式自主创新；如果创新资本水平低于激进式创新资本临界，将无法开展激进式创新活动。因此，选择激进式自主创新策略的企业在开展激进创新活动中不存在策略转移。

（五）企业市场进入和退出行为分析

企业进入市场是一个复杂的问题，受众多因素的影响，一个区域新企业的出现有两种基本情况：其一是资本进入新市场，建立新企业；其二是在位企业孵化新企业。新企业进入市场受到相关支持产业发展、企业家精神、政府创新创业政策、产业发展前景、企业规模经济效应等众多因素的影响，完整探索新企业产生机制非本书所能完成，此处借鉴 SKIN 模型的简化处理思路。

假定一个细分市场利润水平越高，新企业进入的概率越高，一个细分市场的利润水平取决于细分市场的适应度、在位企业的生产技术水平和企业数量，细分市场在位企业最高利润水平在一定程度上能够综合细分市场的适应度和企业间竞争程度，最高利润水平越大意味着市场规模越大，在位企业间竞争程度较低，企业进入该市场的概率就比较高。假定一个细分市场一期最多诞生一家新企业，新进入企业任意复制该细分市场一家企业的资源库及创新特征。那么，一个细分市场在时期 t 诞生一家新企业的概率为：

$$PT_t = \frac{\pi_{St}}{\max \pi} \qquad (4-28)$$

其中，$\max\pi$ 表示市场中所有企业利润水平的最大值。

当 t 期的生产和创新结束，企业资本量发生改变，且企业资本量的改变主要由生产活动和研发活动引起。由前文分析可知，生产活动为企业带来利润 π_{it}，研发投入为 K_{it}^{SI} 或 K_{it}^{SR}，向银行借款为 K_{it}^{bI} 或 K_{it}^{bR}，那么在第 t 期结束，企业 i 拥有的资本量为：

$$K_{it+1} = K_{it} - K_{it}^C - K_{it}^{SI} - K_{it}^{SR} + \pi_{it} - \tau_b(K_{it}^{bI} + K_{it}^{bR} + K_{it}^{bC})$$

$$(4-29)$$

当企业资本量小于等于 0 时，意味着企业在 $t+1$ 期已无法进行生产和创新活动，企业退出市场。

四、知识中心创新行为分析

由于本研究不考虑知识中心的盈利问题，知识中心的主要任务是通过自主创新或与企业联合研发探索知识单元，但知识开发依然需要资本，因此，知识中心的资源库中也拥有知识资源和资本。知识中心资本来源有两部分，其一是通过知识产权转让获得的资本，其二是政府支持创新的资本。与企业不同的是，由于知识中心不进行生产活动，其资本仅用于新知识单元的探索，即知识中心仅进行激进式创新。对于知识中心和企业的联合研发行为，前文已有分析，此处不再赘述，仅就知识中心自主研发行为进行分析。假定知识中心每一期也仅对一个知识单元展开创新开发，类似于企业自主研发行为。假定时期 t 知识中心资源库中拥有 n_{ct} 个知识单元，时期 t 知识中心的创新能力为 $IC_t = \dfrac{1}{1 + e^{\frac{1}{n_{ct} - \sum_{i=1}^{N} m_i}}}$，新知识单元 $(C_r, A_{cr}^u, E_{cr}^u)$ 创新成功的概率为：

$$Z_{crt}^c = (1 - e^{-\gamma_c K_{ct}^{Rc}}) IC_{ct} \qquad (4-30)$$

由于知识中心的目标就是知识探索，因此需从所有未发现的知识单元中随机选择一个知识中心创新知识单元进行创新。当知识中心完成所有知识单元的创新后，便停止创新活动。

五、政府行为分析

政府行为除了向企业和金融机构征税外，还包括创新公共政策的制定和实施。为简化分析，假定政府向企业和研发中心提供研发补贴，政府研发补贴在征税当期同步补贴给企业和研发中心，通过这种再分配政策，提高集群创新的创新能力。

假定政府对渐进式创新和激进式创新都进行补贴。由于知识中心的特殊性质，政府需要对知识中心的自主研发行为进行财政支持，记 t 期所有主体成功实现激进式创新的主体平均累计投入为 K_t^R，为保证知识中心有充裕的研发资金，政府将按照平均投入向知识中心提供研发补贴，记政府时期 t 的税收总额为 TX_t，剩余的税收 $TX_t - K_t^R$ 政府将补贴向创新企业，记政府向渐进式创新企业提供 $\eta(TX_t - K_t^R)$ 创新补贴，其中 $0 \leqslant \eta \leqslant 1$，称为渐进式创新偏好系数，向激进式创新企业提供 $(1 - \eta)(TX_t - K_t^R)$ 创新补贴。

假定政府的补贴分四类：其一是向自主创新企业展开补贴；其二是向开展合作创新企业（包括与企业开展合作和与知识中心开展合作的所有企业）提供补贴，补贴资金平均分配；其三是向创新能力较强的企业进行补贴；其四是向创新能力较为薄弱的企业进行补贴。在每类补贴方式中，补贴资金平均分配。后文将探索四种补贴政策对集群创新发展的影响。

六、金融机构行为分析

金融机构主要向企业提供资金支持。与政府创新补贴不同，金融机构要向企业征收利息。金融机构的主要决策是确定金融支持对象，一方面，为了规避风险，金融机构会选择市场适应能力较强的企业进行支持；另一方面，为获取较高的利润，金融机构会选择创新能力较强的企业进行支持。同时，金融机构也需要考量企业的资金用途。依据前文分析，企业向金融机构融资主要用于生产和创新两个方面。

对于应用于生产的企业融资，金融机构从风险和盈利两个角度考虑，将优先借款给位于市场竞争程度较低且生产能力较强的企业。在本研究设定的概念模型中，市场竞争主要体现为价格，价格越高，说明该市场产品供给较少，市场竞争程度较低；企业生产能力主要体现为生产技术专业水平，生产技术专业水平越高，意味着企业占领市场的速度越快。不妨假设金融机构向企业提供用于生产的融资概率为：

$$PC_{it} = \frac{P_{it-1}}{P_{t-1}^{\max}} \times \frac{E_{it-1}}{E_{st-1}^{\max}} \qquad (4-31)$$

其中，P_{it-1} 表示 $t-1$ 期企业 i 的价格，$P_{t-1}^{\max}$ 表示所有企业的最高价格，$E_{st-1}^{\max}$ 表示与企业 i 位于同一细分市场的所有企业生产专业技术水平的最大值。

对于应用于创新的企业融资，在本书的研究中，渐进式创新不存在创新失败的情况，而激进式创新存在创新失败的风险，这就意味着市场适应能力较强、创新能力较强，开展渐进式创新的企业对金融机构而言风险较低。反之，风险则较高。记金融机构的风险倾向性为 φ（$0 \leqslant \varphi \leqslant 1$），$\varphi$ 越大，说明金融机构越倾向于高风险、高收益，那么企业 i 获得金融机构资金支持的概率为：

$$PV_{it} = \varphi (IC_{ijt})^{\varphi} (L_{it})^{1-\varphi} \frac{\pi_t(S)}{\pi_t^{\max}} \qquad (4-32)$$

φ 越大，金融机构越关注企业的激进式创新，支持激进式创新的概率越高。其中，$\pi_t(S)$ 为企业 i 所在细分市场平均利润，$\pi_t^{\max}$ 是所有细分市场的平均利润的最大值，L_{it} 为企业 i 在时期 t 各等位知识单元串吸收能力的算术平均数。

七、产业集群创新网络演化分析

在集群创新网络中，链条的内涵十分丰富，既包括表征上下游企业间投入产出关系的生产链，也包括表征企业、知识机构间合作研发、知识扩散的创新链，还包括政府和金融机构与企业和知识中心之间的资金链，更有主体间就创新信息传播而产生的信息链。为集中研究创新过程，本书对产业集群创新网络的分析仅包括知识链，也就是说本书在仿真过程中构建的产业集群创新网络仅分析企业、知识中心之间的交互作用。由于企业的创新策略包括自主研发、模仿和合作创新，采用自主研发策略的企业不与其他企业和知识中心产生交互作用；对于采用模仿创新策略的企业，无论是渐进式创新的模仿策略还是激进式创新的模仿策略，知识都从模仿对象流向模仿者，因此模仿者和模仿对象之间存在一条从模仿对象出发指向模仿者的单向链接，模仿与被模仿关系结束，该条单向链自动消失；对于合作创新的情况，知识流动是双向的，合作双方之间存在一条无向链，合作关系结束，该条链接也自动消失。假定企业能记忆 U 家合作企业，并将之视为"邻居"，增加新邻居后或在原邻居中建立新合作关系的邻居，自动排在邻居中的第一位，第 $U+1$ 家邻居从记忆中删除。

　　由此可见，产业集群创新网络的演化过程基本上呈现一种不断增加新链接、断链、重连的过程，这也是部分产业集群创新系统研究成果借鉴复杂网络一般形成机制来描述集群创新复杂网络演化的现实基础。但与相关研究不同的是，本研究提供了产业集群创新系统复杂网络中新链接形成、断链、重连背后的主体决策机制。

第三节　产业集群创新系统创新能力与网络特征分析

　　关于产业集群创新系统整体创新能力的测度，多通过平均收益等指标进行描述，大部分研究主要集中于网络结构特征分析，尤其是在将知识设为单维度或双维度的相关研究中，由于创新方向是明确的，产业集群创新系统的整体性分析仅仅表现为产业集群创新主体的平均知识存量以及网络结构特征方面。本研究利用适应度景貌地图对创新空间进行描述，对产业集群创新系统整体特征分析主要从企业创新特征与适应度景貌地图的吻合程度出发进行分析，并同时考虑网络结构特征。

一、产业集群创新系统的创新能力分析

　　关于创新问题的研究，普遍的观点认为技术越复杂就意味着创新能力越强，但从适应度景貌地图来看，产业集群创新系统整体的创新能力表现为对适应度景貌地图的整体把控能力。目前我国正进行供给侧改革，主要目的是提高供给结构对需求结构变化的适应性，进而提高要素使用效率，这就意味着对于一个产业集群创新系统来讲，创新能力强弱并非直接表现为技术复杂程度，而是直接表现为产业集群创新系统的产品数量结构与适应度景貌地图山峰高度结构的吻合度。同时，考虑到要素使用效率最大化，位于"山顶"的企业数量越多，表明要素适用效率越高。因此，本研究对产业集群创新系统创新能力的测

度从两方面着手，其一是测度各等位知识单元串适应度序列与各等位知识单元串下产品数量序列的相关性，其二是测度所有企业等位知识单元串中各知识单元专业水平均值与知识单元专业水平最大值的比值，将两者的乘积作为产业集群创新系统创新能力的测度指标。

在适应度景貌地图中共有 $\prod\limits_{i=1}^{N} m_i$ 座"山"，每座"山"的"山峰"高度为对应等位知识单元串的适应度，记所有的等位知识单元串分别为 S^u $(u = 1, 2 \cdots, \prod\limits_{i=1}^{N} m_i)$，适应度序列为 $V(S^u)$ $(u = 1, 2 \cdots, \prod\limits_{i=1}^{N} m_i)$，时期 t 产业集群创新系统中所有企业采用等位知识单元串生产的产品总量序列为 $N(S^u)$ $(u = 1, 2 \cdots, \prod\limits_{i=1}^{N} m_i)$。为避免数量级差异带来的影响，分别将适应度序列和产量序列归一化，归一化后的序列为：$\overline{V}(S^u) = \dfrac{V(S^u)}{\sum\limits_{j=1}^{\prod\limits_{i=1}^{N} m_i} V(S^j)}$ $(u = 1, 2, \cdots, \prod\limits_{i=1}^{N} m_i)$ 和 $\overline{N}(S^u) = \dfrac{N(S^u)}{\sum\limits_{j=1}^{\prod\limits_{i=1}^{N} m_i} N(S^j)}$ $(u = 1, 2, \cdots, \prod\limits_{i=1}^{N} m_i)$。

此时，产业集群创新系统对适应度景貌地图的适应性就表现为两个归一化序列的吻合程度，借鉴灰色绝对关联度[①]的测度思想。测度方法如下：

$$|s_1^0 - s_0^0| = \sum\limits_{u=1}^{\prod\limits_{i=1}^{N} m_i} |\overline{v_u} - \overline{N_u}|$$

则称 $\varepsilon_{1t} = \dfrac{1}{1 + |s_1^0 - s_0^0|}$ 为 $\overline{V}(S^u) = \dfrac{V(S^u)}{\sum\limits_{j=1}^{\prod\limits_{i=1}^{N} m_i} V(S^j)}$ $(u = 1, 2, \cdots, \prod\limits_{i=1}^{N} m_i)$、

$\overline{N}(S^u) = \dfrac{N(S^u)}{\sum\limits_{j=1}^{\prod\limits_{i=1}^{N} m_i} N(S^j)}$ $(u = 1, 2, \cdots, \prod\limits_{i=1}^{N} m_i)$ 的灰色绝对吻合度。

可见，细分市场的规模结构与企业在各细分市场中的产量结构分量绝对差异越小，吻合度越高，越说明产业集群创新系统内的企业市场创新能力越强。当 $|s_1^0 - s_0^0| = 0$ 时，即两个结构序列完全相同时，灰色绝对吻合度达到最大值 1。

记时期 t 所有企业等位知识单元串中等位知识单元专业水平的算术平均数

---

① 刘思峰、郭天榜、党耀国：《灰色系统理论及其应用》，科学出版社，1999 年。

为 $\overline{E_t}$ ，由前文可知，等位知识单元专业水平的最大值为 T ，那么产业集群创新系统整体知识资源利用潜力挖掘水平为 $\varepsilon_{2t} = \dfrac{\overline{E_t}}{T}$ 。当 $\overline{E_t} = T$ 时，ε_{2t} 达到最大值1。

那么，产业集群创新系统整体在时期 t 的创新能力测度为：

$$\varepsilon_t = \varepsilon_{1t} \times \varepsilon_{2t} \qquad\qquad (4-33)$$

二、产业集群创新网络结构特征测度

关于复杂网络特征的测度已有平均路径长度、聚类系数、度与度分布、网络平均度、小世界性等众多结构特征测度指标，在产业集群创新网络相关研究中也经常被用于探索产业集群创新复杂网络的结构特征。本研究的重点在于探索产业集群创新网络的形成机制，且重点关注的对象是知识流动网络，仅通过度与度分布观测网络结构特征。由于企业可以采用不同的创新策略，网络中的链既有无向链也有有向链，无向链中知识流动是双向的，有向链中知识流动是单向的，对于某一节点来讲，需对无向链的度和有向链的出度和入度分别进行统计。

本章小结

本章首先利用 NK 模型和适应度景貌地图构建了产品设计空间，并将每一个等位知识单元串对应的适应度景貌地图上的"山"视为一个细分市场，"山"的高度代表了等位知识单元串的适应度，即细分市场的市场容量；将企业不断优化等位知识单元串中知识单元专业水平的过程看作渐进式创新（即在适应度景貌地图上爬山），将企业调整等位知识单元串（即在适应度景貌地图上从一座山跳跃向另一座山）视为激进式创新，由此构建了企业激进式创新和渐进式创新选择机制、创新策略调整机制，并分别构建了企业、知识中心、政府和金融机构的行为机制。最后探索了产业集群创新系统整体创新能力的测度方法以及本书主要观测的产业集群创新复杂网络结构特征。需要补充说明的一点是，在行文过程中，除个别地方为便于理解，除了回声模型中条件交换的进攻标识、防御标识和交换条件，大部分条件交换机制仅指出了交换条件，没有严格按照回声模型——指出条件交换的进攻标识和防御标识。

第五章 产业集群创新系统演化人工生命模型构建及模拟结果分析

由于复杂自适应系统主体行为的多样性导致该系统研究难以通过构建解析模型进行探索，基于多主体的仿真分析成为复杂自适应系统的一种常规主流方法。多主体仿真是在设置主体行为规则的基础上，将主体映射到人工世界，通过控制外生参数取值，探索人工生命模型的演化规律，进而探索研究对象的相关规律。随着计算机技术的不断发展，多主体仿真在经济管理领域的应用逐渐开展，已涌现出许多著名的经济模型，如"垃圾桶模型"（Cohen、March & Olsen，1972）、ASPEN 模型（Basu、Pryor、Quint、Arnold，1996）、产业集群创新研究中的 SKIN 模型（Ahrweiler、Pyka、Gilbert，2004）等。多主体仿真研究也受到了诸多国内学者的重视，截至 2018 年，在中国知网中，以多主体仿真为主题的中文文献已有 137 篇，篇名中含有多主体仿真的中文文献有68 篇；以 multi-agent 为关键词搜索篇名，已有文献 9866 篇，其中经济与管理领域的文献有 925 篇。

本研究通过多主体仿真构建产业集群创新系统演化人工生命模型，以探索产业集群创新网络演化过程中的相关问题。

第一节 仿真平台简介

随着多主体系统研究的不断深入，Ascape、AgentSheets、CelLab、Cormas、JADE、MadKit、MASON、NETLOGO、PS-I、REPAST、SWARM、SIMPACK 等一大批免费或开源的仿真平台不断涌现，比较常用的是 SWARM、JAVASWARM、REPAST、MASON、NETLOGO，其中，SWARM 试图为科学研究提供通用的多主体仿真语言和工具；SWARM 和JAVASWARM 需要利用 JAVA 或 C 语言进行编程，对计算机硬件要求较高，运行速度较慢；REPAST 重点关注的是社会学领域，主要考虑工具的可用性、菜单驱动与使用方面的问题，但结构不明确；MASON 在主函数中编程，主要用于离散事件；NETLOGO 是一个多主体系统建模仿真环境，特别适合随时间演化的复杂系统仿真分析，编程语言相对简单，同时提供了外生参数控制和系统状态演化的可视化工具，完全可以满足本研究的需要。因此，本研究采用NETLOGO 作为构建产业集群创新网络演化人工生命模型的仿真平台。

一、NETLOGO 平台简介

NETLOGO 平台是一个可编程的多主体系统建模环境，Uri Wilensky（1999）创建该平台后，CCL（The Center for Connected Learning and Computer-Based Modeling）负责进一步开发。2002 年，NETLOGO1.0 版本发布。2018 年 5 月，版本 6.0.4 发布，本书采用的是该版本。

作为一种面向对象的可编程环境，NETLOGO 平台通过不同主体间的交互作用以及预设的局部规则改变主体特征，为实现从个体特征以及个体间交互作用探究宏观涌现提供了技术支撑，在自然科学和社会科学领域得到了广泛应用。

二、NETLOGO 平台的基本结构与主要特点

NETLOGO 平台有海龟（Turtles）、瓦片（Patches）、链（Linkes）和观察者（Observer）四类主体。瓦片构成了人工世界的地面，每个瓦片都呈正方形，瓦片构成的地面有水平环绕、垂直环绕和全环绕（类似于球形）三种情况；海龟在由瓦片构成的地面上移动，并通过预设的行为规则以及主体间的交互作用调整自身特征，海龟可以设置不同的种类，以代表不同种类的主体；链是用于表征海龟间交互作用的主体，包括有向链和无向链两种基本情况，同时可以根据研究需要为链设置权重；观察者是可以观测由海龟、瓦片和链构成的人工世界。基本架构如图 5-1 所示。

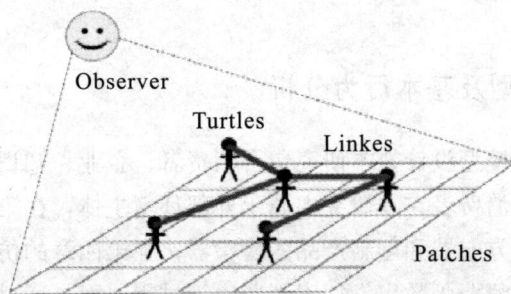

图 5-1 NETLOGO 人工世界示意图

NETLOGO平台包括界面（Interface）、信息（Information）和代码（Procedure）三个部分（图5－2）。界面主要包括外生参数输入、可视化人工世界以及输出的模拟结果图像等；信息部分主要用于对构建的人工生命模型进行简要说明，在利用NETLOGO平台构建人工生命模型时，对该部分可以不进行操作；代码部分是构建人工生命世界的核心，人工生命世界演化的相关规则都需要通过NETLOGO语言进行完整描述。

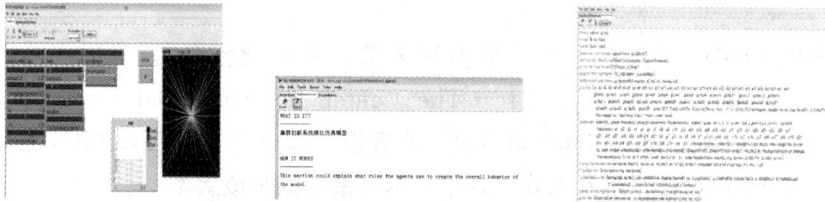

图5－2　界面、模型信息、代码界面

在NETLOGO仿真平台构建的人工世界中，时间的最小单位为"滴答"（ticks）。该平台构建的虚拟世界本质上是离散的，在每一个"滴答"内，所有主体完成预设动作，由于部分主体存在多个行为。因此，合理设计主体的动作顺序是构建人工生命世界的重要一步。NETLOG平台主体动作顺序预设两种类型：一是每个主体按照系统设置的编号依次完成所有动作，并同步更新自身状态；二是按照程序设置的动作类型顺序，所有主体同步执行相同动作，直至所有动作执行完毕，一个"滴答"结束。本研究主体行为较多，尤其是企业行为，企业间的交互作用也主要体现在同类行为中。同时，企业执行完一个动作后，才能执行下一个动作。因此，本书选择按照程序设置主体动作类型顺序，所有主体同步完成一个动作后，同步执行下一个动作。

第二节　主体基本行为和模拟流程分析

一、主体类型及基本行为分析

依据演化概念模型设计，本研究包含消费者、企业、知识中心、政府和金融机构五类主体。消费者在本研究中属于外部环境主体，在第三章的分析中消费者被视为创新的方向器和创新产品的检验器；在第四章的仿真概念模型构建中，本研究没有从消费函数出发探索消费决策过程，而是通过适应度景貌地图描述消费需求的分布情况，适应度景貌地图中每一座山代表一个细分市场，山的高度代表市场规模，以满足第三章对消费者功能界定的需要。NK 模型中，参数的变化表征了消费市场的复杂程度，一旦参数确定，消费市场就是确定的。企业是产业集群创新系统中的核心主体。依据回声模型，企业的主要行为包括资源转换行为、与其他主体的交互行为、新企业产生和退出市场。其中，知识资源转换为资本决定了企业生存，资本转换为知识决定了企业持续获利能力，同时也考虑了企业与金融机构的借贷关系以及企业与政府的关系。知识中心在本研究中主要进行激进式创新，即探索知识属性，这也符合目前我国高校及科研院所的现实状况，企业与知识中心的联合创新也主要集中在知识属性的探索上。政府在本研究中的主要功能是税收和资源再分配，政府通过向企业征税并将税收以创新补贴的形式再分配给企业和知识中心，本研究预设了四类政府补贴机制，并探索每类补贴机制的有效性。金融机构在本研究中的主要功能是向需要融资的企业提供金融支持，主要考虑了金融机构的风险倾向性，没有对融资过程进行详尽分析。

二、模拟流程分析

合理确定仿真流程是构建人工生命世界的关键，基本仿真流程如图 5-3 所示。

第一步是集群创新系统环境设置，主要是构建适应度景观地图。其决定了产业集群创新系统的创新空间。

第二步是系统初始状态设置。在设置完适应度景貌地图后，设置企业和知识中心的初始状态，为每家企业在产品设计空间中随机选择一个等位知识单元串，这一等位知识单元串同时也是企业为资源库中知识单元的初始状态，并确定初始生产技术专业水平 E_{i0} 和资本量 K_{i0}。由于是演化起点，所有企业尚未进行生产和创新活动，企业等位知识单元串中的专业水平全部设为最低值 1；由于企业进入市场后的第一个动作是生产，因此企业将全部初始资本用于生产，并计算获得的初始生产利润，随机为每家企业选择一个创新策略和创新策略模仿对象，创新策略的模仿对象从与企业 i 创新策略相同企业资本水平高于企业 i 的企业中随机选择；知识中心从产品设计空间中随机选择 NC 个知识单元作为初始知识资源，确定知识中心的初始资本量 K_{C0}。

第三步是企业产量调整行为，企业根据初始生产利润进行产量决策，并决定是否向金融机构融资，计算实际产出并计算利润，生产活动结束，企业同步调整各等位知识单元串中知识单元的专业水平。

产品设计空间设置
等位知识单元串长度：N
每个等位知识单元的上位关系：K
等位基因个数：m_i
知识单元专业水平最低值E_{min}
知识单元专业水平最大值：T

政府行为设置
知识产权保护力度：I_{pr}
政府税率：τ_g
渐进式创新补贴系数：η
政府创新补贴策略选择：外生设置

知识中心行为设置
初始知识资源：产品设计空间中随机选择M个
知识中心的创新学习效率：γ_c

金融机构行为设置
贷款利率：τ_b
风险偏好系数：φ

企业初始状态设置
企业初始资本：K_{i0}
企业初始等位知识单元串：随机选择
等位知识单元串中各知识单元专业水平E_{ij0}
初始创新策略：随机选择
初始创新策略模仿对象：通策略资本量大于企业i的企业中随机选择
产品调整比例系数：γ
信息可靠性参数：μ
渐进式自主创新学习效率：α
渐进式模仿创新最优知识距离：δ
激进式自主创新学习效率：γ_i
激进式模仿创新学习效率：γ_m
激进式联合创新学习效率：β

政府征税后发放创新补贴

系统初始设置

计算企业生产技术专业水平

企业产量决策

所需生产资本量确定

是否需要贷款 — 否

是

贷款是否成功 — 否

是

确定实际投入生产资本

确定可投入研发资本　确定企业生产利润　确定产品价格　确定实际产量

渐进式创新自身积累

创新程度选择

渐进式创新　　　　　　激进式创新

创新知识单元选择　　　创新知识单元选择

知识吸收能力计算　　　知识创新能力计算

创新策略选择　　　　　创新策略选择

模仿创新　　模仿对象选择　　模仿创新

自主创新　　创新投入资本量确定　自主创新

合作创新　　　　　　　合作创新

合作对象选择　　　　　合作对象选择

是否需要贷款 — 否

是

贷款是否成功 — 否

是

确定实际投入研发资本

细分市场是否新加入企业

是

随机复制细分市场某一企业等位知识单元串及资本量

创新是否成功

是

调整等位知识单元串中创新知识单元专业水平　　调整等位知识单元串

更新自身资本量　是否退出市场 — 是 → 退出市场

否

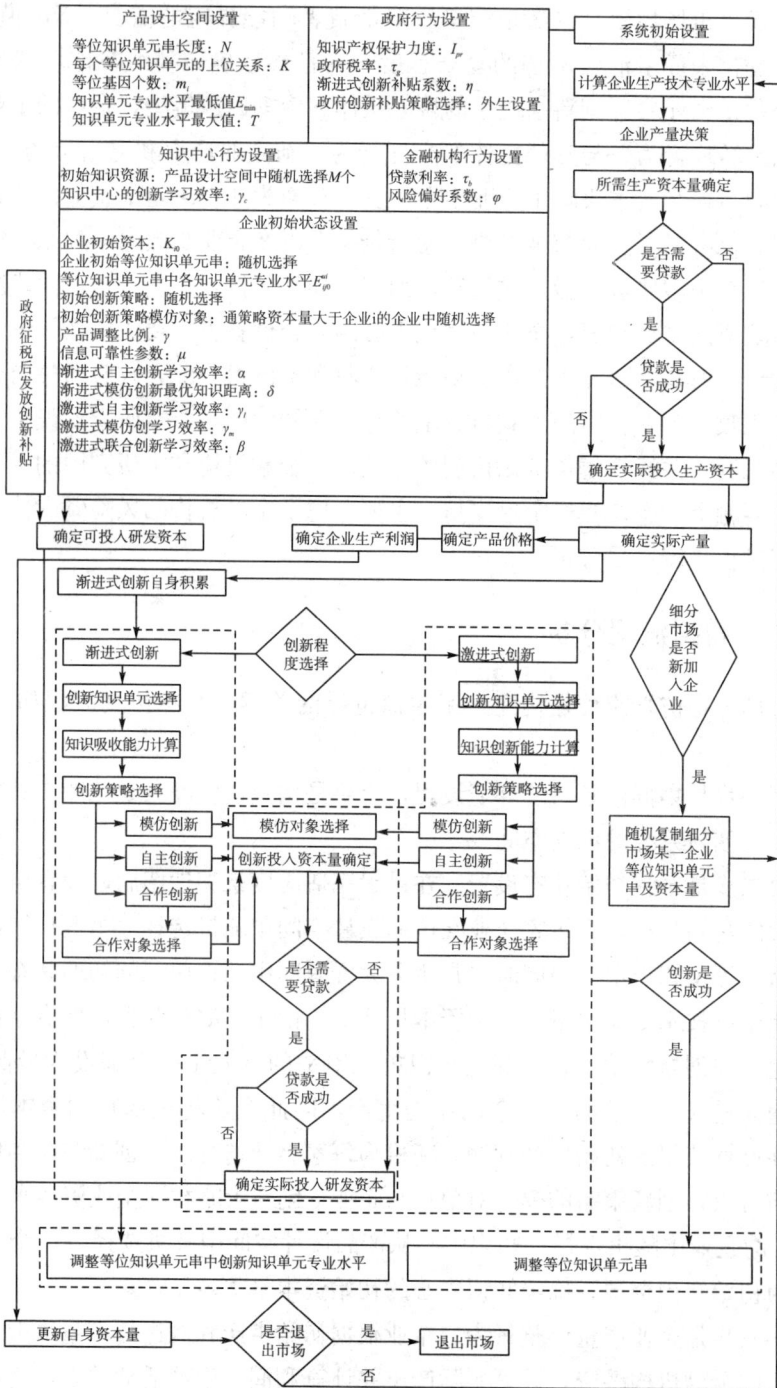

图 5-3　仿真流程图

第四步，政府对企业征税，然后政府依据创新支持政策，将税收以创新补贴形式发放给相关企业。

第五步，企业计算可投入研发资本量，选择创新策略和创新程度，并依据渐进式创新最低资本投入量和激进式创新最低资本投入量决定是否向金融机构融资，并依据实际可投入研发资本量决定是否能开展研发活动。对于能够开展研发活动的企业测算渐进式和激进式创新能力，实施知识创新，并修正等位知识单元串。

第六步，企业依据生产利润、所获取政府创新补贴、实际投入研发资本和金融机构融资本利和，修正下一期期初资本量，并决定是否退出市场。

第七步，每一个市场执行新企业创生行为。

第八步，知识中心利用政府创新投入开展研发活动。

第三节　外生参数设计

自贝塔朗菲提出一般系统理论以来，系统理论研究迅猛发展。在"老三论"（系统论、信息论和控制论）的基础上，普里高津的耗散结构理论开启了复杂理论研究的大幕，并形成了系统理论中的"新三论"（突变论、协同论和耗散结构论）。在耗散结构论最低复杂性研究的基础上，复杂性科学的研究逐步开展。复杂自适应系统理论研究对象的一个突出特点就是层级结构特征，主体间通过黏合机制能够形成介主体，介主体间的相互作用涌现出系统宏观特征。西蒙的"接近完全分解性"理论也要求在进行系统分析时，要在要素和系统整体的对立统一中探索系统特征，子系统内要素间的交互作用强度要大于子系统内要素与子系统外要素的交互作用强度，复杂自适应系统理论中的集聚机制和西蒙"接近完全分解性"理论为利用系统理论探索客观世界中的部分（子系统）提供了可能，客观世界中子系统外部的部分即为系统面临的环境。虽然在复杂自适应系统理论研究中，系统与外部环境存在交互作用，但外部环境中不受系统影响的部分就需要依据外部环境特征进行，这就意味着产业集群创新系统演化是在一系列外生参数控制下与环境相互适应的过程。同时，对于研究的具体系统来讲，外生参数也可以包括依据研究目的人为控制其变化的变量。

一、产品设计空间设置

大量 NK 模型的模拟结果显示，NK 模型决定的适应度性质主要取决于等位知识单元串长度和每个等位知识单元的上位关系个数 K，对等位知识单元个数 m_i 的变化不敏感。随着 N 和 K 不断增大，适应度分布复杂性不断提高，通过提高某个元素适应提升等位知识单元串整体适应度的难度越来越大。当 N 增大时，按照 NK 模型适应度的确定方法，等位知识单元串整体平均适应度下降。随着系统复杂性的提升，局部最优点在产品设计空间分布的随机性越来越大，这将导致企业修正等位知识单元串提升企业盈利能力的难度不断提升。NK 模型在本书中的主要作用是构建细分市场，每一个等位知识单元串对应一个细分市场，NK 模型参数设定主要决定市场的复杂程度，进而决定通过激进式创新探索具有较高适应度的细分市场的难度。假定参数 $N=5$，K 值分别设定为 0、1、3 三种情况，由于 NK 模型决定的适应度对 m_i 变化不敏感，假定 $m_i=2$。$K=0$，代表产品各功能之间不存在交互作用；当 $K \neq 0$ 时，产品 N 项功能中某一项功能的改变，将导致另外 K 个功能的适应性发生改变，与某一功能存在交互作用的其他功能在等位知识单元串中可能是随机选择的，也可能是有序的。为简化编程，本书假定与某一功能存在交互作用，另外 K 个功能按照功能序号依次顺延循环排列，并设定有序交互作用的影响架构，如图 5-4 所示。

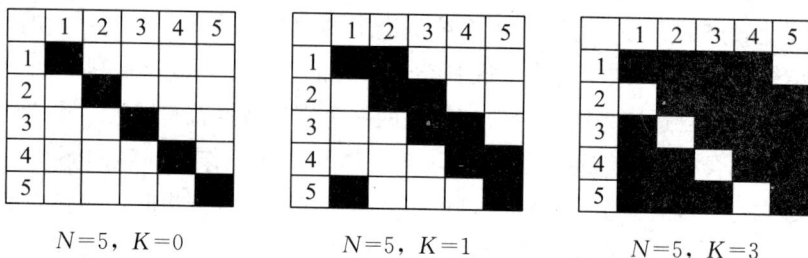

图 5-4　影响架构

由于 $N=5$，$m_i=2$，这意味着等位知识单元串存在 32 种情况，即存在 32 个细分市场，K 取不同值时，各等位知识单元串的适应度也不完全相同，要想严谨展示 NK 模型的特征，需要大规模的模拟。本研究中，NK 模型的主要功能是通过知识单元组合来构建细分市场，并为每一个细分市场赋予适应度，模拟一次便可以实现这一目的。在一次模拟过程中，首先为每一个实现每一个功能的两个知识单元在（0，1）范围内随机赋值，以实现第一个功能的两个知识单元为例，知识单元 0 的适应度为 0.4661，知识单元 1 的适应度为 0.6735（详见表 5-2 中细分市场 1 和细分市场 32 中知识单元对应的适应度）。在 $K=0$ 的情况下，依据每一个等位知识单元串中等位知识单元编号选择初始适应度赋值，并计算等位知识单元串的适应度。在$K=1$和$K=3$的情况下，保持细分市场（0，0，0，0，0，）各知识单元适应度不变，逐次更换一个知识单元，并将更换的知识单元适应度修改为初始适应度赋值，并按照图5-4中知识单元交互影响规则，为与其有交互作用的知识单元在（0，1）范围内随机赋值，并计算修正后等位知识单元串的适应度。具体赋值结果见表5-1至5-3。适应度景貌地图如图5-5所示。

表5-1 $N=5$，$K=0$情况下各知识单元及等位知识单元串适应度

细分市场代码	知识单元					知识单元对应适应度					等位知识单元串适应度
	1	2	3	4	5	1	2	3	4	5	
1	0	0	0	0	0	0.4661	0.7689	0.9589	0.2911	0.9434	0.6857
2	0	0	0	0	1	0.4661	0.7689	0.9589	0.2911	0.4177	0.5805
3	0	0	0	1	0	0.4661	0.7689	0.9589	0.0992	0.9434	0.6473
4	0	0	0	1	1	0.4661	0.7689	0.9589	0.0992	0.4177	0.5422
5	0	0	1	0	0	0.4661	0.7689	0.8020	0.2911	0.9434	0.6543
6	0	0	1	0	1	0.4661	0.7689	0.8020	0.2911	0.4177	0.5492
7	0	0	1	1	0	0.4661	0.7689	0.8020	0.0992	0.9434	0.6159
8	0	0	1	1	1	0.4661	0.7689	0.8020	0.0992	0.4177	0.5108
9	0	1	0	0	0	0.4661	0.9737	0.9589	0.2911	0.9434	0.7266
10	0	1	0	0	1	0.4661	0.9737	0.9589	0.2911	0.4177	0.6215
11	0	1	0	1	0	0.4661	0.9737	0.9589	0.0992	0.9434	0.6883
12	0	1	0	1	1	0.4661	0.9737	0.9589	0.0992	0.4177	0.5831
13	0	1	1	0	0	0.4661	0.9737	0.8020	0.2911	0.9434	0.6953
14	0	1	1	0	1	0.4661	0.9737	0.8020	0.2911	0.4177	0.5901
15	0	1	1	1	0	0.4661	0.9737	0.8020	0.0992	0.9434	0.6569
16	0	1	1	1	1	0.4661	0.9737	0.8020	0.0992	0.4177	0.5517
17	1	0	0	0	0	0.6735	0.7689	0.9589	0.2911	0.9434	0.7272
18	1	0	0	0	1	0.6735	0.7689	0.9589	0.2911	0.4177	0.6220
19	1	0	0	1	0	0.6735	0.7689	0.9589	0.0992	0.9434	0.6888
20	1	0	0	1	1	0.6735	0.7689	0.9589	0.0992	0.4177	0.5836
21	1	0	1	0	0	0.6735	0.7689	0.8020	0.2911	0.9434	0.6958
22	1	0	1	0	1	0.6735	0.7689	0.8020	0.2911	0.4177	0.5906
23	1	0	1	1	0	0.6735	0.7689	0.8020	0.0992	0.9434	0.6574

细分市场代码	知识单元					知识单元对应适应度					等位知识单元串适应度
	1	2	3	4	5	1	2	3	4	5	
24	1	0	1	1	1	0.6735	0.7689	0.8020	0.0992	0.4177	0.5522
25	1	1	0	0	0	0.6735	0.9737	0.9589	0.2911	0.9434	0.7681
26	1	1	0	0	1	0.6735	0.9737	0.9589	0.2911	0.4177	0.6630
27	1	1	0	1	0	0.6735	0.9737	0.9589	0.0992	0.9434	0.7297
28	1	1	0	1	1	0.6735	0.9737	0.9589	0.0992	0.4177	0.6246
29	1	1	1	0	0	0.6735	0.9737	0.8020	0.2911	0.9434	0.7367
30	1	1	1	0	1	0.6735	0.9737	0.8020	0.2911	0.4177	0.6316
31	1	1	1	1	0	0.6735	0.9737	0.8020	0.0992	0.9434	0.6983
32	1	1	1	1	1	0.6735	0.9737	0.8020	0.0992	0.4177	0.5932

表 5-2　$N=5$，$K=1$ 情况下各知识单元及等位知识单元串适应度

细分市场代码	知识单元					知识单元对应适应度					等位知识单元串适应度
	1	2	3	4	5	1	2	3	4	5	
1	0	0	0	0	0	0.4661	0.7689	0.9589	0.2911	0.9434	0.6857
2	0	0	0	0	1	0.0523	0.7689	0.9589	0.2911	0.4177	0.4978
3	0	0	0	1	0	0.4661	0.7689	0.9589	0.0992	0.6341	0.5854
4	0	0	0	1	1	0.8981	0.7689	0.9589	0.0992	0.4177	0.6286
5	0	0	1	0	0	0.4661	0.7689	0.8020	0.9062	0.9434	0.7773
6	0	0	1	0	1	0.7348	0.7689	0.8020	0.9062	0.4177	0.7259
7	0	0	1	1	0	0.4661	0.7689	0.8020	0.0992	0.0931	0.4459
8	0	0	1	1	1	0.9320	0.7689	0.8020	0.0992	0.4177	0.6039
9	0	1	0	0	0	0.4661	0.9737	0.5599	0.2911	0.9434	0.6468
10	0	1	0	0	1	0.6582	0.9737	0.5599	0.2911	0.4177	0.5801
11	0	1	0	1	0	0.4661	0.9737	0.5599	0.0992	0.0117	0.4221
12	0	1	0	1	1	0.8942	0.9737	0.5599	0.0992	0.4177	0.5889
13	0	1	1	0	0	0.4661	0.9737	0.8020	0.2180	0.9434	0.6806
14	0	1	1	0	1	0.6015	0.9737	0.8020	0.2180	0.4177	0.6026
15	0	1	1	1	0	0.4661	0.9737	0.8020	0.0992	0.9200	0.6522

细分市场代码	知识单元					知识单元对应适应度					等位知识单元串适应度
	1	2	3	4	5	1	2	3	4	5	
16	0	1	1	1	1	0.9320	0.9737	0.2852	0.0992	0.4177	0.5415
17	1	0	0	0	0	0.6735	0.6429	0.9589	0.2911	0.9434	0.7020
18	1	0	0	0	1	0.2081	0.6429	0.9589	0.2911	0.4177	0.5037
19	1	0	0	1	0	0.6735	0.6429	0.9589	0.0992	0.3475	0.5444
20	1	0	0	1	1	0.5156	0.6429	0.9589	0.0992	0.4177	0.5268
21	1	0	1	0	0	0.6735	0.6429	0.8020	0.3193	0.9434	0.6762
22	1	0	1	0	1	0.8309	0.6429	0.8020	0.3193	0.4177	0.6025
23	1	0	1	1	0	0.6735	0.6429	0.8020	0.0992	0.4607	0.5356
24	1	0	1	1	1	0.6735	0.6536	0.8020	0.0992	0.4177	0.5292
25	1	1	0	0	0	0.6735	0.9737	0.8774	0.2911	0.9434	0.7518
26	1	1	0	0	1	0.4343	0.9737	0.8774	0.2911	0.4177	0.5988
27	1	1	0	1	0	0.6735	0.9737	0.8774	0.0992	0.1352	0.5518
28	1	1	0	1	1	0.5215	0.9737	0.8774	0.0992	0.4177	0.5779
29	1	1	1	0	0	0.6735	0.9737	0.8020	0.7865	0.9434	0.8358
30	1	1	1	0	1	0.8597	0.9737	0.8020	0.7865	0.4177	0.7679
31	1	1	1	1	0	0.6735	0.9737	0.8020	0.0992	0.1784	0.5453
32	1	1	1	1	1	0.6735	0.3655	0.2852	0.0992	0.4177	0.3682

表5-3 $N=5$，$K=3$情况下各知识单元及等位知识单元串适应度

细分市场代码	知识单元					知识单元对应适应度					等位知识单元串适应度
	1	2	3	4	5	1	2	3	4	5	
1	0	0	0	0	0	0.4661	0.7689	0.9589	0.2911	0.9434	0.6857
2	0	0	0	0	1	0.3968	0.5236	0.6270	0.2911	0.4177	0.4512
3	0	0	0	1	0	0.9052	0.9630	0.9589	0.0992	0.9633	0.7779
4	0	0	0	1	1	0.7708	0.5845	0.9663	0.0992	0.4177	0.5677
5	0	0	1	0	0	0.2988	0.7689	0.8020	0.6126	0.8756	0.6716
6	0	0	1	0	1	0.0460	0.6051	0.2916	0.6126	0.4177	0.3946

细分市场代码	知识单元					知识单元对应适应度					等位知识单元串适应度
	1	2	3	4	5	1	2	3	4	5	
7	0	0	1	1	0	0.0502	0.4026	0.8020	0.0992	0.4447	0.3597
8	0	0	1	1	1	0.2862	0.5841	0.0397	0.0992	0.4177	0.2854
9	0	1	0	0	0	0.4661	0.9737	0.0737	0.3160	0.1077	0.3874
10	0	1	0	0	1	0.3469	0.2771	0.8762	0.3160	0.4177	0.4468
11	0	1	0	1	0	0.6295	0.4095	0.0737	0.0992	0.6734	0.3771
12	0	1	0	1	1	0.3295	0.6112	0.1630	0.0992	0.4177	0.3241
13	0	1	1	0	0	0.2830	0.9737	0.8020	0.2893	0.3839	0.5464
14	0	1	1	0	1	0.9605	0.9805	0.3786	0.2893	0.4177	0.6053
15	0	1	1	1	0	0.8152	0.8490	0.8020	0.0992	0.6159	0.6362
16	0	1	1	1	1	0.2862	0.9737	0.7783	0.8789	0.0457	0.5925
17	1	0	0	0	0	0.6735	0.7917	0.9729	0.1316	0.9434	0.7026
18	1	0	0	0	1	0.9444	0.0297	0.7579	0.1316	0.4177	0.4562
19	1	0	0	1	0	0.6907	0.3141	0.9729	0.0992	0.1059	0.4365
20	1	0	0	1	1	0.6735	0.3528	0.4779	0.9210	0.4177	0.5686
21	1	0	1	0	0	0.9472	0.7917	0.8020	0.9894	0.9030	0.8866
22	1	0	1	0	1	0.5785	0.8507	0.2080	0.9894	0.4177	0.6089
23	1	0	1	1	0	0.3476	0.6407	0.8020	0.0992	0.1511	0.4081
24	1	0	1	1	1	0.6735	0.8310	0.3290	0.8584	0.4177	0.6219
25	1	1	0	0	0	0.6735	0.9737	0.5419	0.0416	0.6599	0.5781
26	1	1	0	0	1	0.0700	0.2135	0.0338	0.0416	0.4177	0.1553
27	1	1	0	1	0	0.5683	0.8694	0.5419	0.0992	0.9109	0.5979
28	1	1	0	1	1	0.3897	0.9122	0.8600	0.0992	0.4177	0.5357
29	1	1	1	0	0	0.6300	0.9737	0.8020	0.9082	0.0388	0.6705
30	1	1	1	0	1	0.6735	0.5006	0.6668	0.3827	0.4177	0.5283
31	1	1	1	1	0	0.6735	0.6367	0.2938	0.8027	0.6159	0.6045
32	1	1	1	1	1	0.6735	0.1088	0.0708	0.7181	0.4177	0.3978

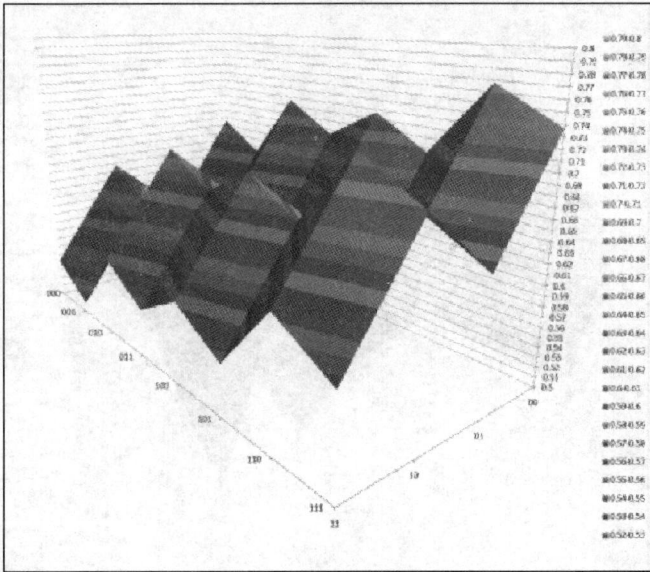

$N=5$，$K=0$ 时的适应度景貌地图

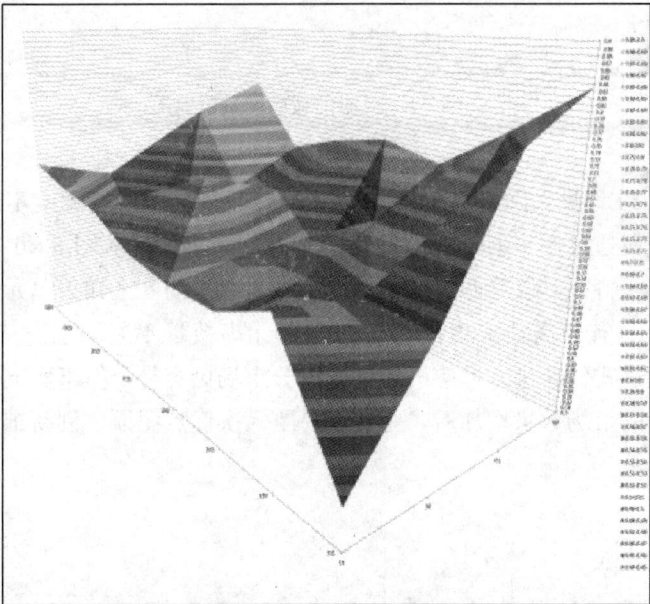

$N=5$，$K=1$ 时的适应度景貌地图

图 5-5　适应度景貌地图

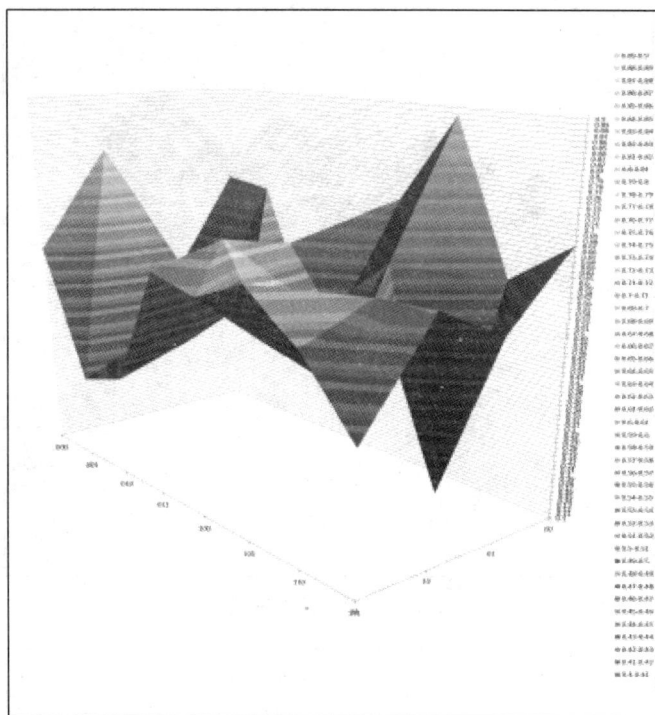

$N=5$，$K=3$时的适应度景貌地图

图 5-5（续）

由图 5-5 可见，随着 K 的增加，适应度景貌地图的崎岖度不断增加，这就意味着企业通过逐步创新局部优化的难度不断增加。从图 5-6 可以更清楚地观察到这一特征，以后两位知识单元为（1，1）的 8 个知识单元为例，随着 K 的增加，具有较高适应度的等位知识单元串数量不断增加。从表面上看，企业通过激进式创新进入适应度较高的细分市场更容易，但事实上，由于具有较高适应度的市场数量增加后，企业容易陷入次优点泥潭，创新难度增加。

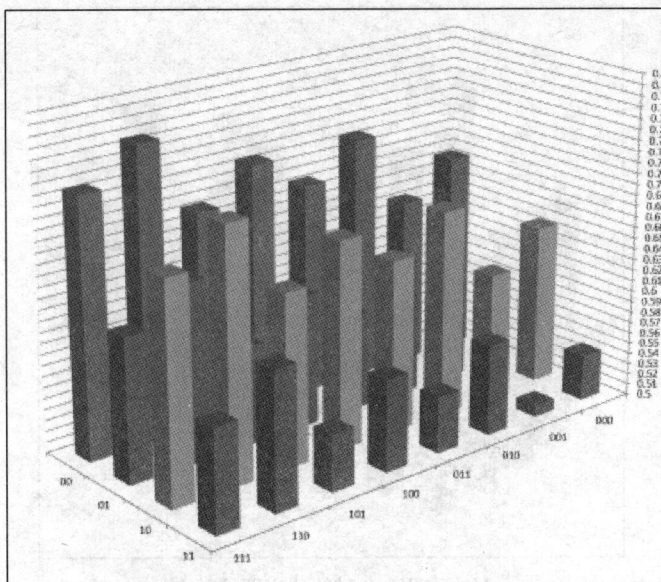

$N=5$，$K=0$ 时的适应度柱状图

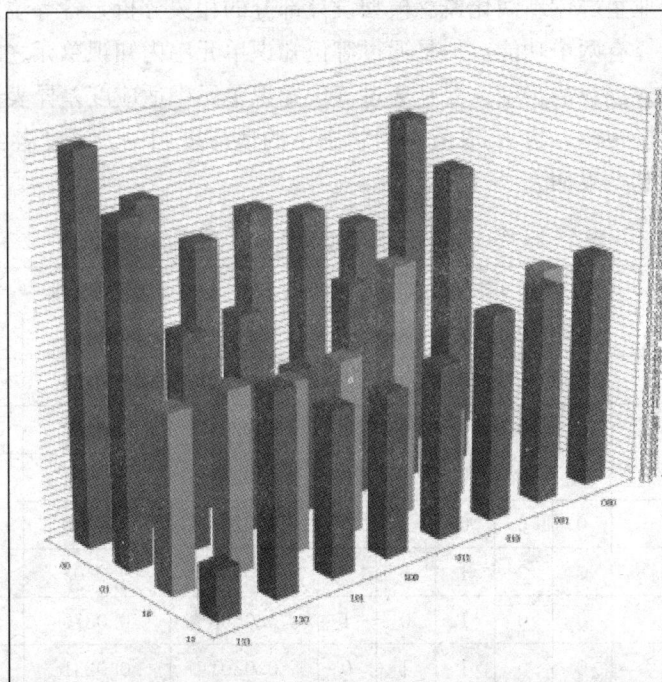

$N=5$，$K=1$ 时的适应度柱状图

图 5—6　适应度柱状图

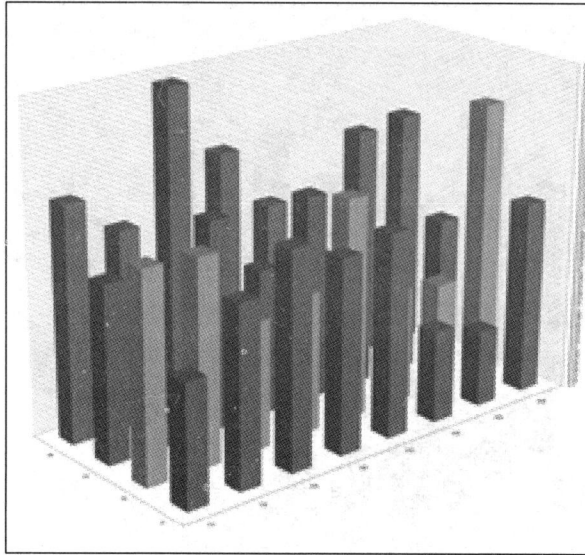

$N=5$，$K=3$时的适应度柱状图

图 5-6（续）

依据产业集群创新演化概念模型设计部分的相关分析，各等位知识单元串适应度的计算有两个功能：一是通过等位知识单元串内知识单元之间的交互作用表征激进式创新的难度；二是通过等位知识单元串适应度差异表征各市场吸引力，即市场规模，将 K 取值不同状态下的适应度归一，测度各细分市场的市场份额，其结果如表 5-4 所示。

表 5-4　细分市场知识单元及不同 K 值下的市场份额

细分市场代码	知识单元					市场份额		
	1	2	3	4	5	$K=0$	$K=1$	$K=3$
1	0	0	0	0	0	0.0335	0.0356	0.0407
2	0	0	0	0	1	0.0284	0.0258	0.0268
3	0	0	0	1	0	0.0316	0.0304	0.0461
4	0	0	0	1	1	0.0265	0.0326	0.0337
5	0	0	1	0	0	0.0320	0.0403	0.0398
6	0	0	1	0	1	0.0268	0.0376	0.0234
7	0	0	1	1	0	0.0301	0.0231	0.0213
8	0	0	1	1	1	0.0250	0.0313	0.0169

细分市场代码	知识单元					市场份额		
	1	2	3	4	5	$K=0$	$K=1$	$K=3$
9	0	1	0	0	0	0.0355	0.0335	0.0230
10	0	1	0	0	1	0.0304	0.0301	0.0265
11	0	1	0	1	0	0.0336	0.0219	0.0224
12	0	1	0	1	1	0.0285	0.0305	0.0192
13	0	1	1	0	0	0.0340	0.0353	0.0324
14	0	1	1	0	1	0.0288	0.0312	0.0359
15	0	1	1	1	0	0.0321	0.0338	0.0377
16	0	1	1	1	1	0.0270	0.0281	0.0351
17	1	0	0	0	0	0.0355	0.0364	0.0417
18	1	0	0	0	1	0.0304	0.0261	0.0270
19	1	0	0	1	0	0.0337	0.0282	0.0259
20	1	0	0	1	1	0.0285	0.0273	0.0337
21	1	0	1	0	0	0.0340	0.0351	0.0526
22	1	0	1	0	1	0.0289	0.0312	0.0361
23	1	0	1	1	0	0.0321	0.0278	0.0242
24	1	0	1	1	1	0.0270	0.0274	0.0369
25	1	1	0	0	0	0.0375	0.0390	0.0343
26	1	1	0	0	1	0.0324	0.0311	0.0092
27	1	1	0	1	0	0.0357	0.0286	0.0354
28	1	1	0	1	1	0.0305	0.0300	0.0318
29	1	1	1	0	0	0.0360	0.0433	0.0398
30	1	1	1	0	1	0.0309	0.0398	0.0313
31	1	1	1	1	0	0.0341	0.0283	0.0358
32	1	1	1	1	1	0.0290	0.0191	0.0236

　　假定市场总容量为 10000 单位的货币，借助各细分市场的市场份额，可以确定各期每一个细分市场消费者支出总额。以 $K=0$ 情况下，代码为 32 的细分市场为例，每一期位于该市场的消费者支出总额为 290 单位货币。依据前文

分析，位于该细分市场的消费者每一期都将手中货币全部购买企业提供的产品。那么，依据位于该市场的企业总产量，就可以确定本期该市场产品的平均价格。

二、政府及金融机构相关外生参数设置

在产业集群创新系统演化概念模型设计部分，政府的主要职能是征税并将税收以创新补贴的形式发放给企业和知识中心，并进行知识产权保护。在这些过程中，需要确定的外生参数包括税率、渐进式创新偏好系数、补贴政策和知识产权保护力度。不过，确定合理税率存在较大困难，因为不仅存在行业差异，也存在地区差异。世界银行发布的《缴税 2017》报告显示，2017 年企业综合税率（必须缴纳的税额/商业利润）最低为文莱的 8%，最高为帕劳的 95.5%，中国为 67.3%，亚太地区综合税率均值为 36.4%，虽然对中国实际综合税率存在争议，但从中也可以看出各国综合税率差异十分巨大。同时，考虑到政府的产业政策等经济刺激和结构调整计划等因素，要确定能覆盖所有可能性的税率范围非本书所能完成。按照《缴税 2017》亚太地区经济体的综合税率排名，并进行排除前五名和后五名的适度调整，设定范围为 20%～60%。渐进式偏好系数表征政府对渐进式创新的支持力度，政府支持渐进式创新主要表现为政府支持企业提高生产效率，支持激进式创新主要表现为政府支持企业开辟新市场，这两种行为在政府产业政策中都较常见。因此，设定其取值范围为 [0, 1]。当取值为 0 时，政府税收分配给知识中心后的剩余部分全部支持激进式创新；取值为 1，则全部支持渐进式创新。政府知识产权保护力度 I_{pr} ∈ (0,1)，0 表示政府不进行知识产权保护，1 表示政府严禁无成本的知识模仿。

金融机构的主要功能是为企业提供金融支持，本书没有考虑企业融资的详细过程，主要考虑了金融机构的风险偏好，依据演化概念模型设计，故需要设定的金融机构相关外生参数包括利率和风险倾向系数。确定涵盖所有可能性企业贷款利率波动范围与确定税率一样困难，就我国目前的情况而言，企业贷款利率随贷款周期长度、企业资信状况、政府产业政策等因素的变化存在较大差异。依据 1991 年到 2019 年一年期贷款基准利率变化情况，在适度扩大范围的基础上，将贷款利率的范围设定为 4%～10%。对于本研究设定的创新过程而言，渐进式创新不存在失败的风险，而激进式创新存在创新失败的风险。金融机构风险偏好系数主要衡量金融机构对渐进式创新和激进式创新之间的选择偏好，故设定其取值范围为 [0, 1]，取值越大，金融机构越倾向于激进式创新，

即风险偏好越大。

三、企业相关外生参数设置

在本研究中，企业行为主要体现在资源转换以及因资源转换行为而衍生的创新程度、创新策略选择、融资、市场退出等方面。知识资源变换为资本行为，企业决定产量并组织生产资本和知识资源进行生产，在产品能够全部卖出的假定下，由市场决定价格，企业获取生产利润，完成知识资源向资本的转换。这一过程体现了企业与市场的交互作用，也体现了系统的开放性。依据产业集群创新系统演化概念模型设定，在这一行为演化过程中，企业主要行为包括产量调整和融资行为，需要提前设定的是企业的产量调整系数（γ）。在现实中，企业产量调整是其一项重要管理决策，与企业生产能力、市场竞争状况、政府产业政策等众多因素有关，过大的产量增长速度有可能导致市场竞争加剧，产品价格下降，企业利润下降，过低的产量增长速度也可能导致企业错过在细分市场中的主导地位。以我国 2016 年到 2017 年主要工业品产量[①]变化情况为例，铁路货车产量增长速度最快，为 110.57%，照相机产量增长速度最低，为 0.07%，中位数为 4.48%，借鉴行业变化特征，假定企业产量调整系数为 4%。

在企业创新行为中，企业创新策略主要通过模仿资本水平高于自身的企业，即通过模仿对象的转移来实现企业创新策略的转换，需要提前确定的外生参数是信息信任水平。虽然理论上 μ 取值在（0，$+\infty$）内，依据式（4-8），当 $\mu(K_{ft}-K_{jt})$ 超过 14 时，PT_{it} 取值几乎为 1。因此，在实际模拟过程中没有必要设定取值上限。另外，μ 值主要决定的是企业间资本水平差异背后隐藏的创新策略差异，当期资本水平前期积累的结果，资本水平较高的企业当期创新策略不一定是合理的，为避免企业创新策略快速收敛向不合理创新策略，假定 $\mu \in (0,3000)$。

在市场容量为 10000 货币单位的假定下，在 $K=0$，$K=1$ 和 $K=3$ 三种情况下，最小市场规模为 92.08，演化起点所有企业的知识单元的专业水平均为最低值 1，一单位生产资本可以生产一单位产品。考虑到政府税率最高为 0.6，为保证在所有细分市场演化起点企业能够获取正利润，单位产品价格不能低于 1.6 单位货币，市场规模最小的细分市场在演化起点最多只能供给 57.55 单位

---

① 数据来自《中国统计年鉴（2018）》。

产品。为保证人工生命世界能顺利演化，企业初始资本量设定为20。

企业渐进式学习效率主要用于描述自主创新企业渐进式创新过程中资本转化为知识单元专业水平的能力，由于本研究通过知识单元专业水平的乘积测度生产能力，这就意味着一个知识单元的专业水平提高一个单位，可以导致企业生产能力加大幅度提升。为避免某一细分市场快速被一家企业垄断，假定 $\alpha \in [0,1]$，一次自主渐进式创新需要投入的创新资本数量最低值设为10。

为避免模仿创新企业迅速提升专业水平，市场出现快速震荡，可将渐进式创新中企业间模仿行为和知识交换式合作创新的最优专业水平差距设为1，这意味着模仿创新企业一次模仿行为或知识交换行为，对应知识单元专业水平最多提高1单位。

企业激进式创新相关行为中，需要提前设定的外生参数包括激进式创新最低投入资本量、自主创新和联合研发的学习效率、模仿创新的学习效率。激进式创新是对新知识单元的探索，与渐进式创新相比，同等创新成功概率下投入资金量应该大于渐进式创新（假定激进式创新与企业初始资本量相同）。激进式创新学习效率用于描述资本转化为新知识单元的能力，考虑到激进式创新难度高于渐进式创新难度，模仿创新的难度低于研发，假定模仿创新的学习效率 $\gamma_m \in [0,\alpha]$，联合研发的学习效率 $\gamma_l \in [0,\gamma_m]$。

四、知识中心相关外生参数设置

知识中心的主要行为包括知识单元的自主研发、向企业扩散知识单元以及与企业开展联合研发，知识中心是专门进行生产技术开发的部门，渐进式创新的效率应不低于企业部门，同时考虑到一个新产业的诞生一般是经过基础知识的充分积淀后，开展知识应用并不断深化产业相关知识，假定知识中心在演化之初拥有6单位的知识单元（由于知识中心不进行生产活动，知识中心所拥有的知识单元的专业水平均为1）。

本书构建的集群创新演化模型属于理想模型。作为一类思想实验模型，外生参数设置在尽可能贴近现实的基础上，最重要的是满足自洽性，以保证人工生命世界能够正常演化，并从人工生命世界的演化过程中观测相关规律。本研究在设置外生参数取值时，如果有现实数据可供参考，尽可能依据实际情况设定取值或取值范围，针对没有可供参考数据的外生参数，设置尽可能大的取值范围，以便使模拟结果尽可能涵盖现实经济运行，提高相关规律对提高现实产业集群创新能力的参考价值（表5-5）。

表 5-5 **外生参数设置**

序号	外生参数名称	取值设定	取值设定规则或参数描述
1	等位知识单元串长度（N）	5	这三个外生参数主要决定外部市场特征，也就是消费者的消费特征；同时决定了创新难度
2	每一个等位知识单元的上关系数量（K）	0，1，3	
3	等位知识单元个数（m_i）	2	
4	市场规模总量（MA）	10000	表示一个时期所有细分市场消费者支出总额
5	政府税率（τ_g）	(0.2，0.6)	按照世界银行公布 2017 年亚太地区各经济体年综合税率，选取上下 4 分位数调整
6	政府渐进式创新补贴系数（η）	$0 \leqslant \eta \leqslant 1$	表征政府对渐进式创新的支持力度
7	知识产权保护力度（I_{pr}）	$I_{pr} \in (0,1)$	表征政府对无成本知识流动的规避程度
8	贷款利率（τ_b）	(0.04，0.1)	主要依据 1991—2019 年央行基准利率范围
9	金融机构的风险偏好系数（φ）	$0 \leqslant \varphi \leqslant 1$	描述金融机构对风险的偏好程度
10	产量调整比例（γ）	0.04	借鉴 2016—2017 年中国工业品增长率绝对值中位数进行设定
11	信息信任水平（μ）	$\mu \in (0,3000)$	理论上 μ 值可以达到 $+\infty$
12	企业初始资本量（K_{i0}）	20	保证演化起点企业能够获取正利润，并保证人工世界能正常开展演化
13	渐进式创新最低投入资本量	5	渐进式创新的门槛资本
14	激进式创新最低投入资本量	20	激进式创新的门槛资本
15	渐进式模仿创新最优知识距离（δ）	1	避免模仿创新企业快速在细分市场占据主导地位，设置一次模仿行为为专业水平最多提高 1 单位
16	渐进式自主创新学习效率（α）	$\alpha \in [0,1]$	渐进式创新的难度低于激进式创新，激进式模仿创新的效率高于激进式自主创新和联合创新
17	激进式自主创新学习效率（γ_I）	$\gamma_I \in [0, \gamma_m]$	
18	激进式模仿创新学习效率（γ_m）	$\gamma_m \in [0, \alpha]$	

序号	外生参数名称	取值设定	取值设定规则或参数描述
19	知识中心的创新学习效率（γ_c）	$\gamma_C \in [0,1]$	
20	知识中心初始拥有知识单元个数（M）	6	
21	初始企业数量	(3, 20)	

第四节　数据模拟策略

与产业集群创新系统实证研究不同的是，在合理设置外生参数后，产业集群创新系统人工生命演化模型几乎涵盖了现实中产业集群创新系统所有的可能性，这就意味着现实中某一产业集群创新系统的演化轨迹仅仅是产业集群创新系统人工生命模型在一组外生参数取值下的一次模拟，利用产业集群创新系统人工生命演化模型探索所有可能情况下的系统演化状态分析是一件几乎不可能完成的工作。以本书为例，本书共设置外生参数 21 个，一个外生参数即便只有两种可能取值，也将存在 2^{21} 种情况，工作量将达百万级。目前基于多主体仿真分析的文献中对数据的模拟处理的基本思路有两种：其一是将所有外生参数固定在某一种基准状态上，然后对一个外生参数或多个外生参数组合在基准状态下调整其取值，观测一个外生参数取值或若干外生参数取值组合变化对模拟结果的影响；其二是在外生参数空间中随机选择若干点，将模拟结果视为对现实现象的简单随机抽样，对样本点开展数据分析，探索相关规律。本研究的主要目的是构建产业集群创新系统演化仿真模型，完整探索产业集群创新系统演化规律并探索有效模式非本书所能完成，故在仿真模拟过程中采用第一种模拟思路，并选择若干有重要政策启示意义的外生参数展开仿真分析。

第五节　结果分析

一、模拟停止时间确定

人工生命世界是现实世界的人工抽象。与现实世界相同，人工生命世界演化也具有时间无限性。因此，通过产业集群创新系统人工生命模型完整观测系统演化是无法实现的。通过对 21 个外生参数随机取值，模拟 20 次的结果显示，在 40 步左右时，大部分状态下产业集群创新系统人工生命世界的创新能力开始出现围绕某一值的波动状态。因此，在后文的分析过程中，人工生命世界在 40 步时演化停止，观测系统在此时的状态并开展分析。

二、对比基准状态分析

为便于分析各外生参数变化对产业集群创新系统创新能力和网络结构特征的影响，选取各外生参数取值的最小值组合作为对比基准状态。初始企业数量设置为 3，以保证企业有可供选择的策略模仿邻居；邻居保持步长设置为 1，这意味着企业间的知识和信息交流关系只保持在当期；信息信任水平设置为 0，意味着企业创新策略选择是随机的；激进式创新的资本水平临界和渐进式创新的资本水平临界设置为 1；每个细分市场当期最大衍生企业数量设置为 1，这意味着每个细分市场当期最多进入一家新企业；渐进积累学习效率、渐进自主创新学习效率、激进自主创新学习效率和激进模仿学习效率设为 0.01，以保证主体有创新成功的可能性；税收设为最低税率 0.2；政府补贴设置为 0。意味着政府不进行任何创新补贴；政府渐进创新偏好设置为 0，意味着政府更偏好激进创新，但在政府不进行创新补贴的情况下，本质上政府并没有创新偏好；知识产权保护力度设置为 0，意味着不存在知识产权保护，主体间可随意实施模仿创新；利率设为最低值 0.04；金融机构风险偏好性设为 0，意味着金融机构不向企业提供创新融资支持；知识中心初始知识单元个数设置为 0；知识中心的激进创新能力为 0.52，意味着激进创新能力对知识中心某一知识单元创新能否成功影响很小；上位关系设置为 1，代表各细分市场规模波动程度中等的状态；为规避随机性波动对结论的影响，每个外生参数取值模拟 3 次，并取均值展开分析；为保证外生参数取值变化时，能够与基准状态进行比较，模拟过程中伪随机数发生器的种子在各次试验中固定不变，后续模拟过程中将伪随机数发生器种子分别固定为 10、11、12。在后文的分析过程中，如无特殊说明，各外生变量都是在基准状态下进行变动，以探索外生变量变化对产业集群创新系统演化结束状态的影响。

三、产业集群创新系统观测特征分析

本书研究的重要目的是构建产业集群创新系统演化仿真模型，并探索相关变量（主要是指外生变量）对产业集群创新能力的影响。其中，探索的核心问题是通过企业资源库中知识资源和资本资源的相互转换，提高资源数量和质量。因此，本研究重点观测各细分市场规模结构与各细分市场企业产量结构的灰色绝对吻合度（后文简称吻合度）、企业等位知识单元专业技术水平创新程度（后文简称专业技术水平）、产业集群创新系统整体创新能力（后文简称创新能力）、企业平均资本水平、企业知识资源库知识单元数量均值（后文简称知识资源数量）。另外，为分析产业集群创新系统的网络结构特征，多通过企业度的标准差（后文简称标准差）和度最高的企业的度（后文简称最大度）做简单描述。由于企业间的链有有向链和无向链两种，在测度企业度时，不再区分主体的出度和入度，凡与企业连接的链则不分方向，全部统计在企业的度中。

四、结果分析

（一）上位关系影响分析

由图 5-7 可知，随着上位关系数量的增加，即随着细分市场规模波动程度的不断增加，专业技术水平、细分市场规模结构与产量结构的吻合度、企业平均资源库知识单元数量、企业间知识交互作用的差异程度以及具有最大度的企业度都呈上升趋势，这说明随着市场复杂程度的增加，企业需要的知识单元数量不断增加，企业间的交互作用不断集中于少数节点。同时，由图 5-7 可见，随着上位关系数量增加，吻合度和综合创新能力的增速不断下降。这与目前相关理论结果和经济实际相一致，也侧面证明了利用 NK 模型描述知识演化问题是可取的。但需要注意的是，专业技术水平和平均资本水平随着上位关系增加成 U 形变化趋势。

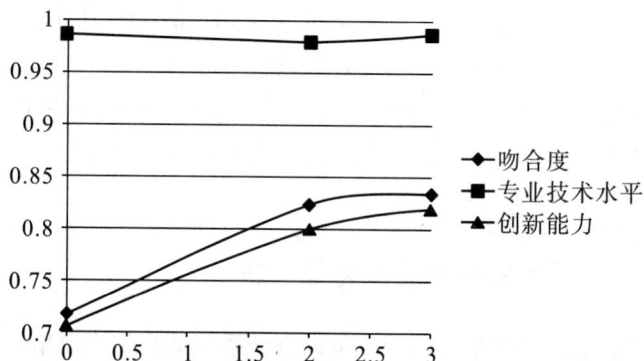

图 5-7　上位关系对产业集群创新系统主要特征的影响

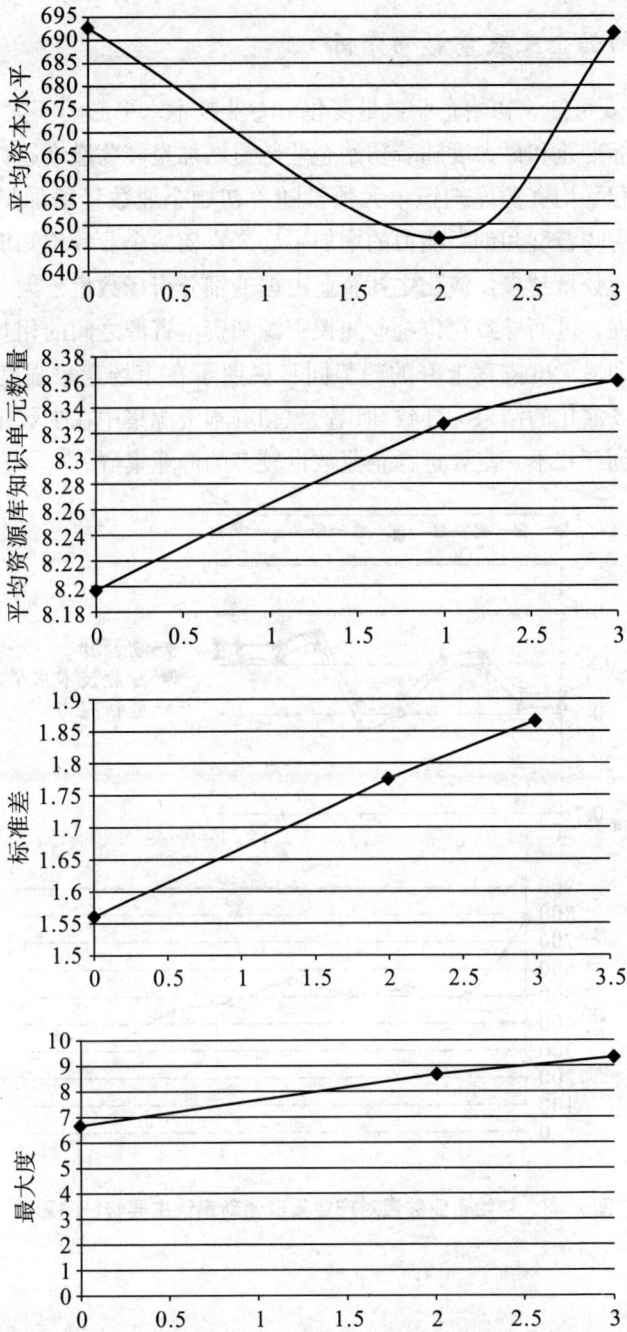

图 5-7（续）

（二）初始企业数量影响分析

由图 5-8 可知，初始企业数量变化对专业技术水平影响不大，但吻合度、创新能力、标准差和最大度随着初始企业数量增加呈震荡递增趋势。同时，平均资本水平和平均资源库知识单元数量随着初始企业数量增加呈震荡下降趋势，这是因为吻合度和创新能力的增加主要来自初始企业等位知识单元随机分配，初始企业数量越多，演化之初企业占据的细分市场数量越大，细分市场的竞争强度越强，进而导致在位企业知识资源和资本资源之间的相互转换能力下降。标准差和最大度震荡上升的趋势同步说明了在市场竞争强度较大的情况下，最终市场演化的结果会导致知识资源和资本资源集中在少数企业。这意味着创建集群创新并不一定要选择企业数量较多的产业集群。

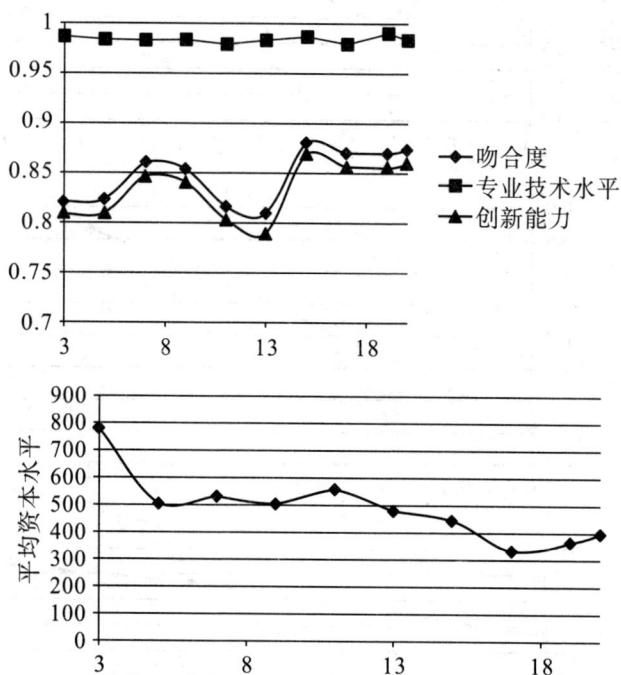

图 5-8 初始企业数量对产业集群创新系统主要特征的影响

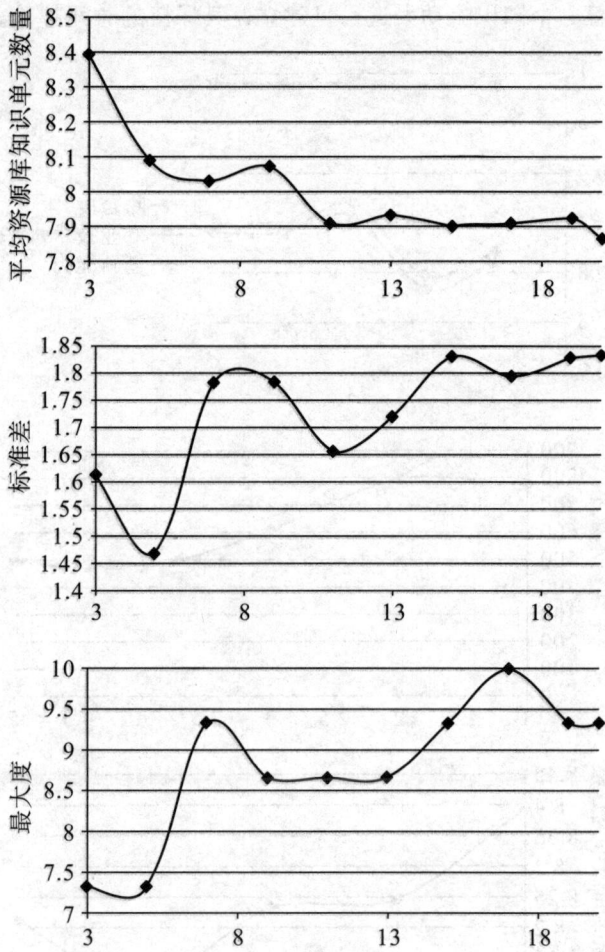

图 5-8（续）

（三）合作关系保持期数影响分析

由图 5-9 可知，随着合作关系保持期数的增加，标准差和最大度呈递增趋势，且增速不断下降，这与产业集群创新系统网络分析相关研究成果认为产业集群创新系统中知识资源流动渠道呈幂率分布相一致。但随着合作关系保持期数的不断增加，平均资本水平和平均资源库知识单元数量均呈现下降趋势，这意味着产业集群创新系统内的企业如果维持过多知识流动渠道，将会导致创新"锁定"。从吻合度和创新能力的变化趋势来看，过于稀疏和过密的知识流通网络都不利于知识单元开发和集群整体创新能力提升。

合作关系保持期数主要用来描述企业之间知识流动渠道的稳定性，保持期数越大，意味着一个知识流动渠道一旦建立，其保持的时间越长。

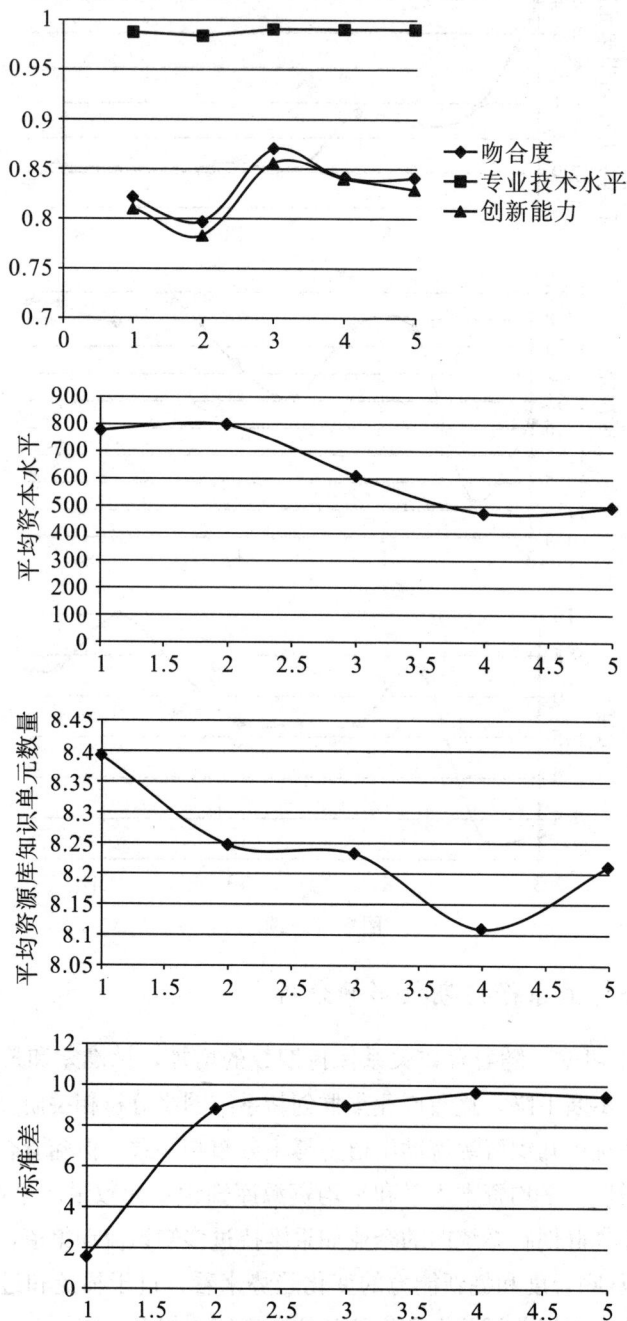

图5-9　合作关系保持期数对产业集群创新系统主要特征的影响

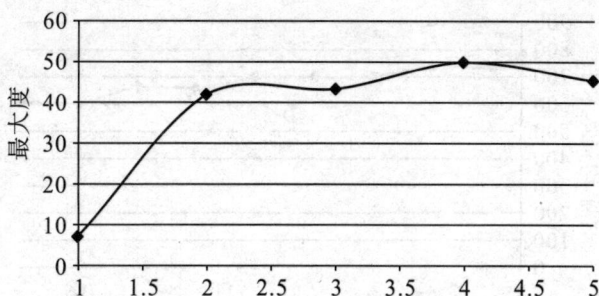

图5—9（续）

（四）激进创新资本水平临界影响分析

激进创新资本水平临界主要用于说明企业开展激进创新的难度，临界越大，新知识单元的开发难度越大。由图5—10可知，激进创新资本水平临界变化对专业技术水平、创新能力和吻合度的影响不大，但企业平均资本水平、平均资源库知识单元数量都随着激进创新资本水平临界的增大呈现震荡下降趋势，同时标准差和最大度呈现震荡上升趋势，这意味着随着激进创新资本水平临界的上升，企业知识资源和资本资源相互转换的难度上升，同时知识资源向少数企业集中。

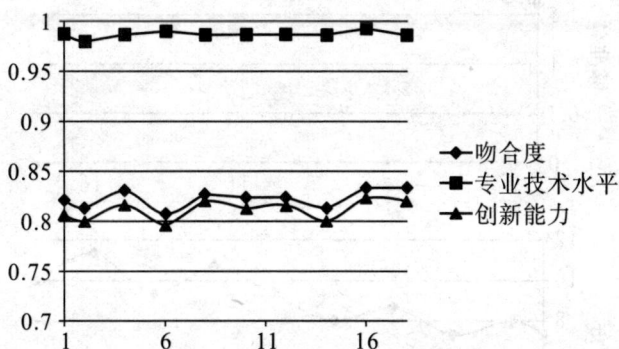

图5—10　激进创新资本水平临界对产业集群创新系统主要特征的影响

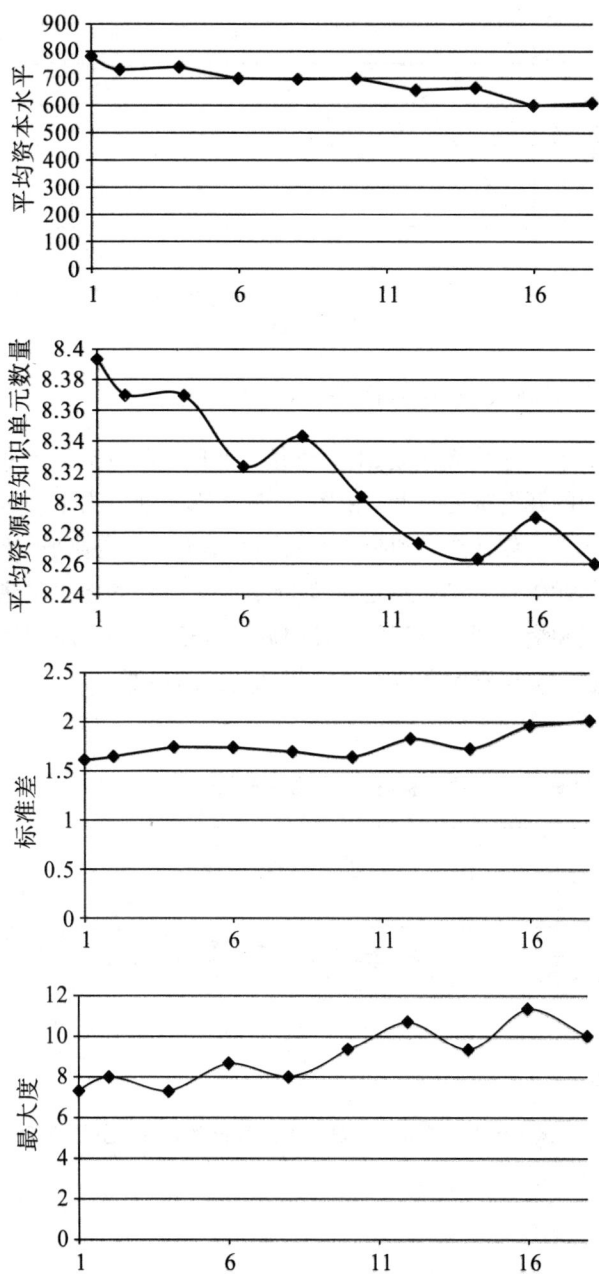

图5-10（续）

（五）渐进创新资本水平临界分析

渐进创新资本水平临界主要用于说明企业开展渐进创新的难度，临界越大，企业通过投资提升等位知识单元串中知识单元专业水平的难度越大。简单来讲，渐进创新资本水平临界越大，企业专业技术水平越低。由图 5-11 可知，渐进创新资本水平临界变化对吻合度、专业技术水平和创新能力的影响并不显著，却导致平均资本水平、平均资源库知识单元数量震荡下降，标准差和最大度震荡上升。

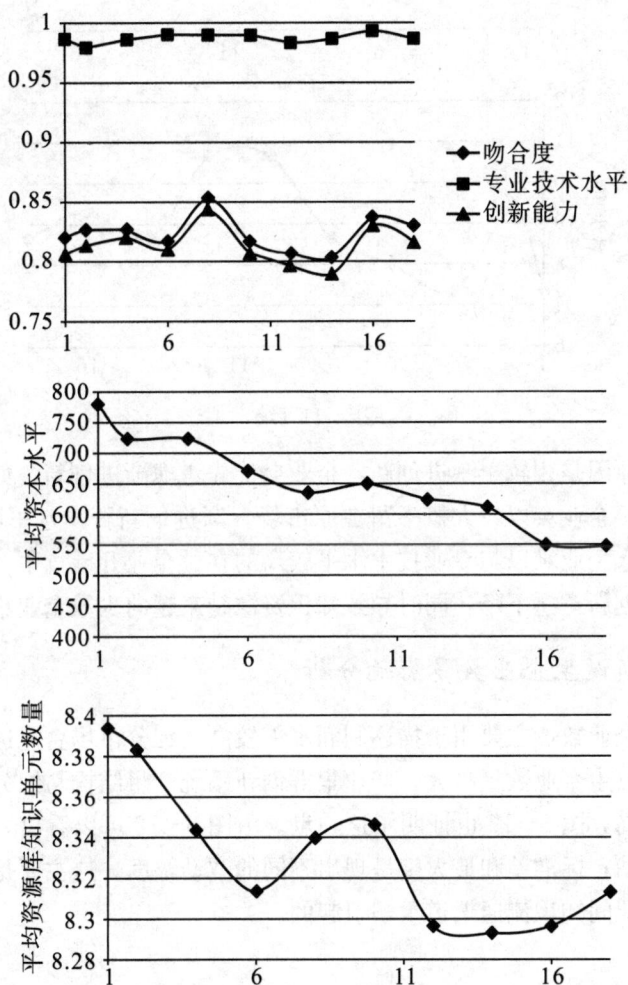

图 5-11 激进创新资本水平临界对产业集群创新系统主要特征的影响

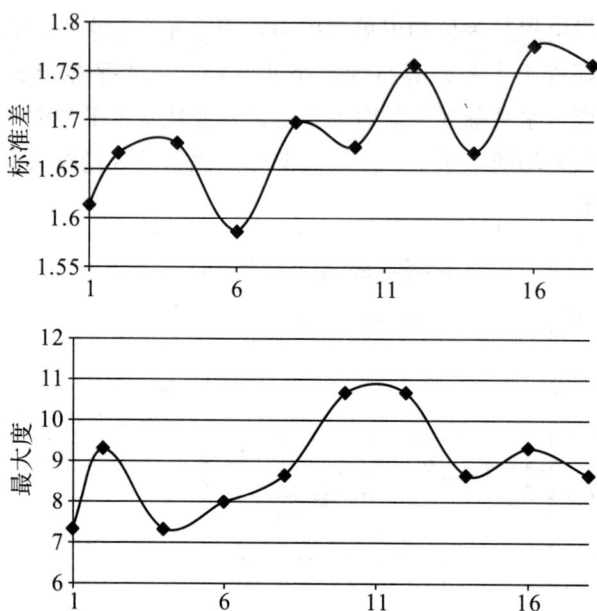

图 5-11（续）

　　其主要原因是相较于激进创新，企业会优先考虑渐进创新，如果细分市场仍有利可图，企业会以较大概率留在原市场。渐进创新资本水平临界的提升，将导致新进入企业难以与专业技术水平较高的在位企业开展竞争，最终导致企业整体渐进创新意愿下降，同时导致知识资源越来越向少数企业集中。

（六）新诞生企业数量影响分析

　　新诞生企业数量主要用于描述利润水平较高的细分市场企业进入速度。一般来说，新诞生企业数量越大，产业集群创新系统产量结构与细分市场规模结构吻合度越高，图 5-12 也证明了这一点。由图 5-12 可以看出，随着新诞生企业数量增加，标准差和最大度呈现出不同的波动幅度，这主要是由新加入企业带来的企业间知识流通渠道重塑引起的。

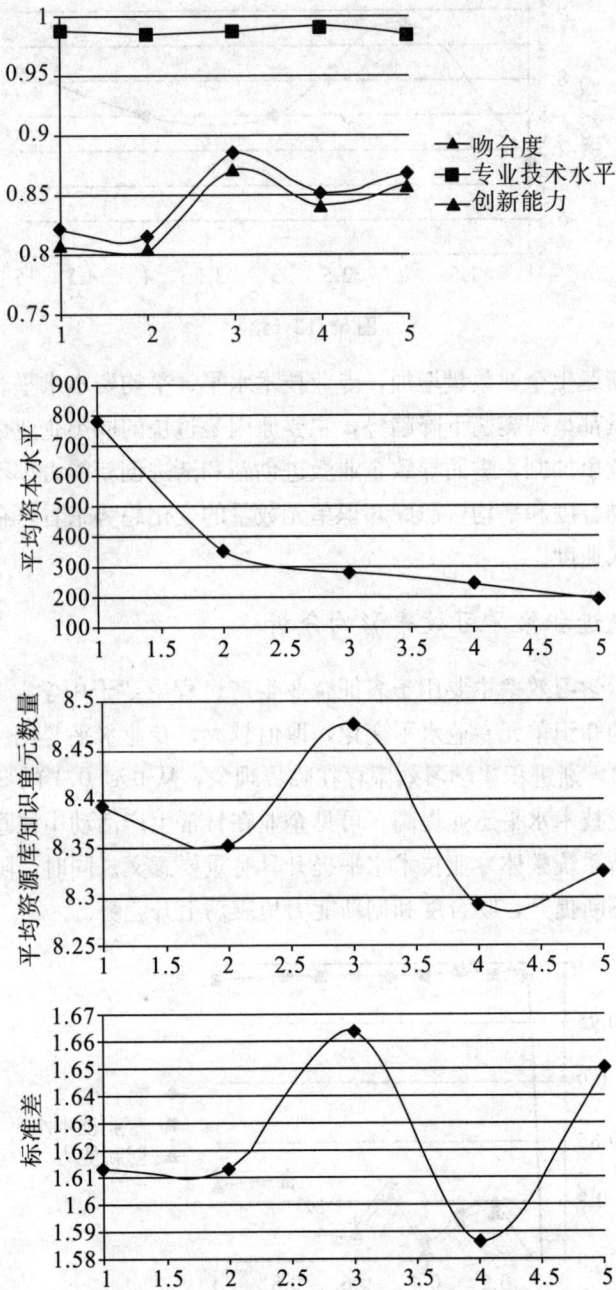

图 5-12　新诞生企业数量对产业集群创新系统主要特征的影响

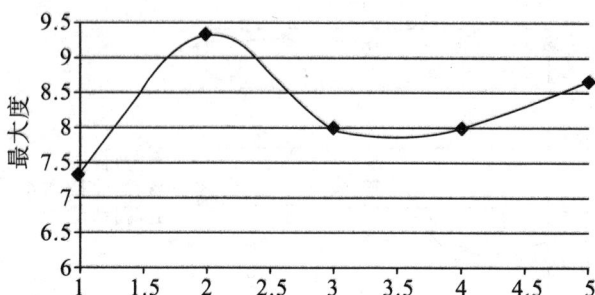

图 5-12（续）

但随着新诞生企业数量增加，专业技术水平、平均资本水平和平均资源库知识单元数量都呈现震荡下降趋势，主要原因是过快的同类企业市场进入，导致细分市场竞争加剧，进而导致企业激进创新和渐进创新能力都不断下降。从创新能力、吻合度和平均资源库知识单元数量的变化趋势来看，存在着最优的企业市场进入速度。

（七）渐进积累学习效率影响分析

渐进积累学习效率主要用于表征企业生产过程中"干中学""用中学"等行为所带来的知识单元专业水平变化，取值越大，专业水平变化速度越高。由图 5-13 可知，渐进积累学习效率存在临界现象，从 0 到 0.1 的变化导致集群创新整体专业技术水平迅速提高，可见企业在日常生产活动中注意经验积累对产业集群创新系统整体专业技术水平提升具有重要意义。同时，随着渐进积累学习效率的不断提升，吻合度和创新能力呈震荡上升趋势。

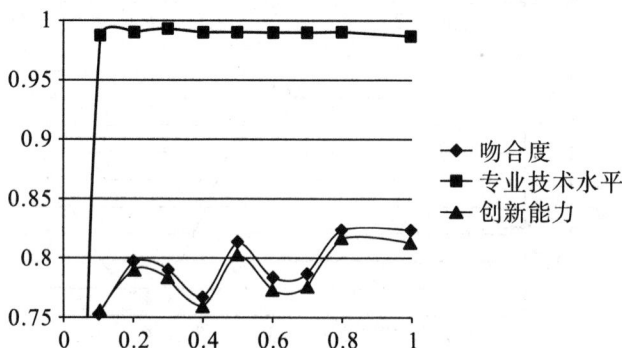

图 5-13　渐进积累学习效率对产业集群创新系统主要特征的影响

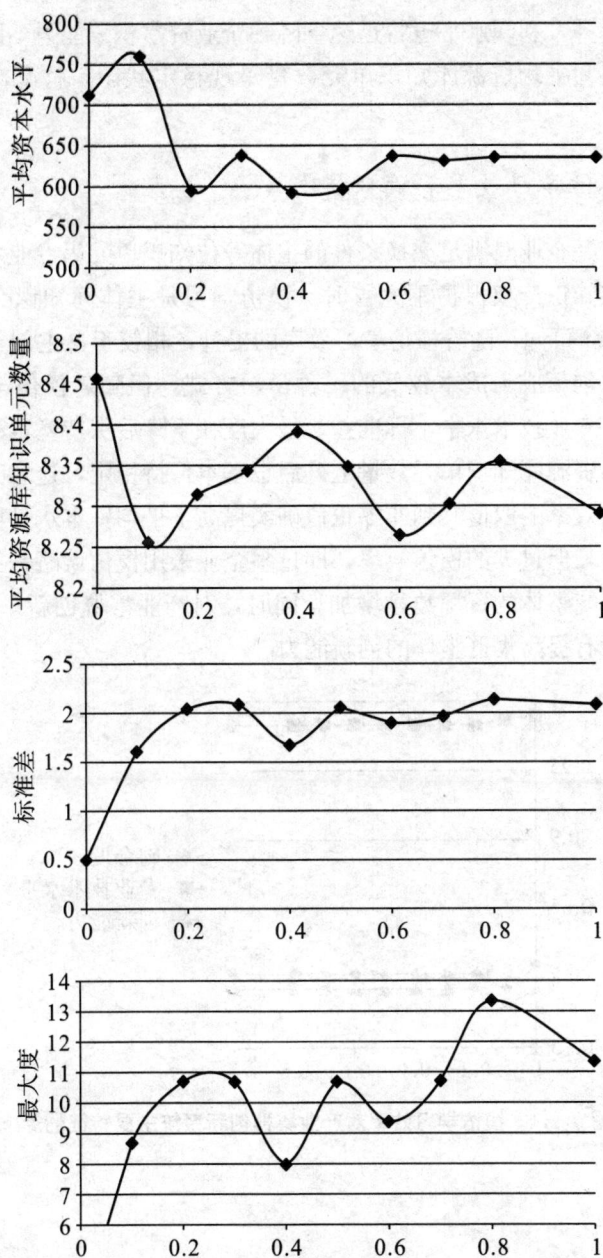

图 5—13（续）

但是随着渐进积累学习效率的不断提升，平均资本水平和平均资源库知识单元水平在震荡下降后都围绕某一值震荡，标准差在提升后也成围绕某一值震荡，最大度呈震荡上升趋势。这意味着随着渐进积累学习效率的提升，企业生产能力迅速提升，利润水平也将迅速下降，企业资本积累能力不断下降，导致平均资本水平和平均资源库知识单元数量呈现稳定状态，整个市场将被"锁定"。

（八）模仿学习效率影响分析

模仿学习是企业对满足交换条件的主体等位知识单元串专业水平或知识单元的学习。在知识产权保护不完善时，模仿学习是主体间知识交换的重要方式。由图5-14可知，随着模仿学习效率的提升，相较于自主创新和主体间合作创新，模仿创新成为成本较低的一种学习方式，但随着模仿学习效率的提升，吻合度、专业技术水平、标准差、最大度在下降后保持基本稳定，平均资本水平和平均资源库知识单元数量上升后也基本保持稳定，这意味着虽然模仿学习效率从无效率的取值0到非零正值确实提高了平均资本水平和平均资源库知识单元数量，但过大的模仿效率，即过多企业采用模仿策略并不能长期使产业集群创新系统整体的资源数量增加。同时，对产业集群创新系统整体而言，模仿学习并没有提高集群整体的创新能力。

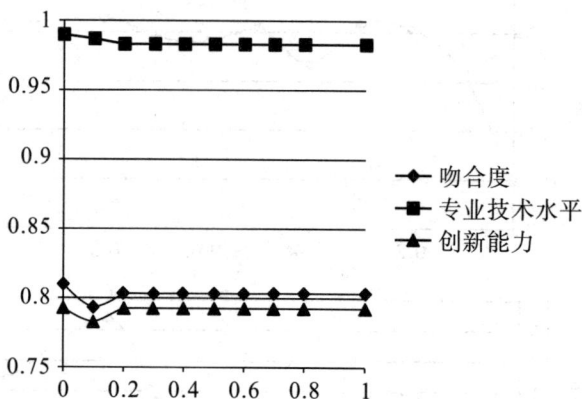

图5-14　模仿学习效率对产业集群创新系统主要特征的影响

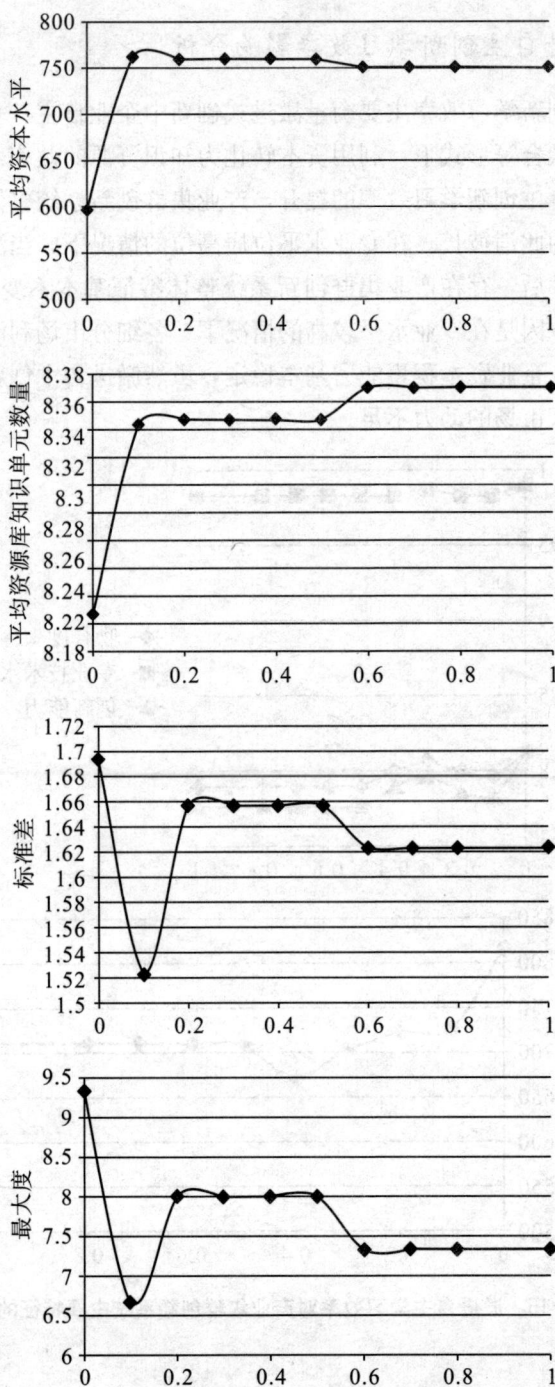

图 5-14（续）

（九）激进自主创新学习效率影响分析

自主激进创新学习效率主要衡量激进式创新中企业自主、企业间联合或企业—知识中心联合等形式下，利用资本转化为知识资源的效率。由图5-15可见，随着激进自主创新学习效率的提升，产业集群创新系统整体存在着资本资源和知识资源的此消彼长。在专业水平位居高位的情况下，当激进自主创新学习效率越过0.6后，存在产业集群创新系统整体特征基本不变的又一"锁定"现象。其主要原因是在专业水平较高的情况下，各细分市场利润较低，新进入企业概率较低，企业资本积累能力基本稳定，虽然激进自主创新能力较强，但企业主动开发新市场的动力不足。

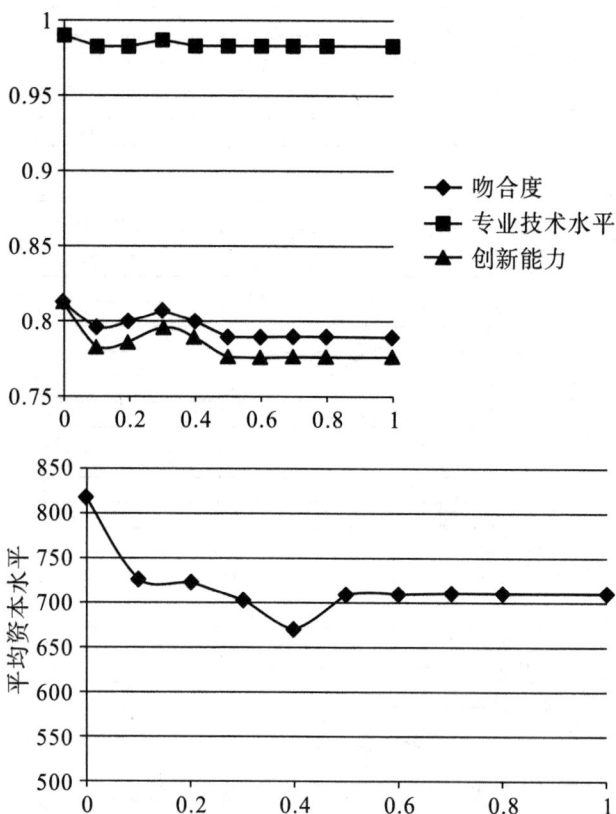

图5-15　激进自主学习效率对产业集群创新系统主要特征的影响

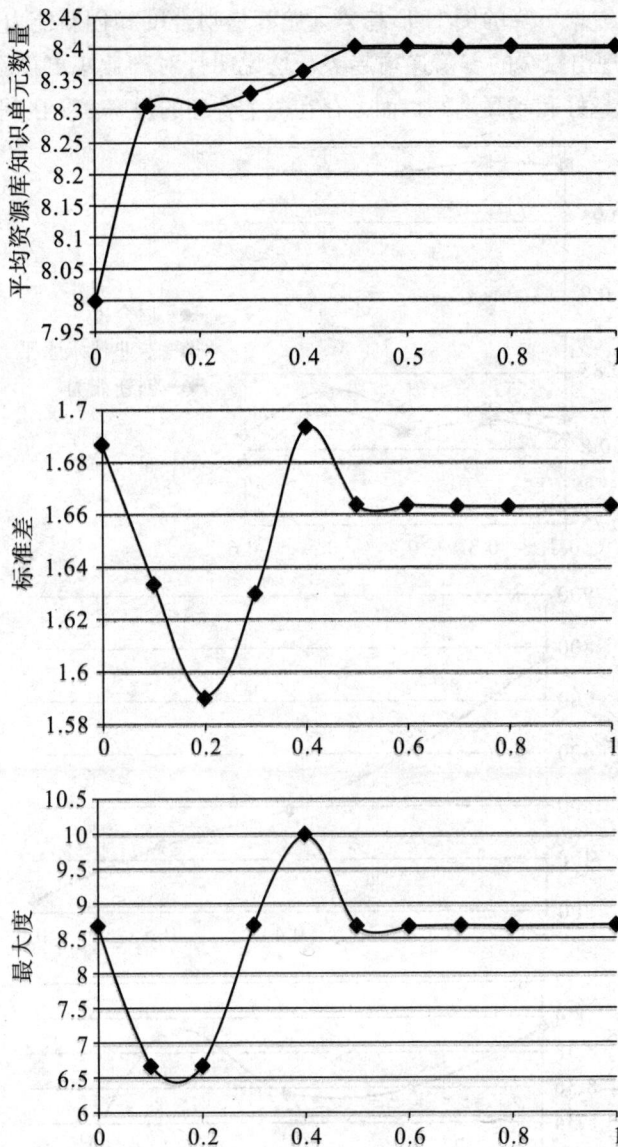

图5-15（续）

（十）税率的影响分析

由图5-16可知，随着税率的提升，产业集群创新系统整体平均资本水平不断下降，标准差和最大度呈现绕某一值波动的状态。虽然平均资源库知识单元数量吻合度和创新能力整体也呈现下降趋势，但在税率为0.5附近。这三个特征均出现了先增后降的倒 U 形趋势，尤其是吻合度和创新能力在税收低于 0.5 之前还呈现出较缓的震荡递增趋势，这说明针对产业集群创新系统而言，税率并非越低越好和越高越好，而是存在一个合理的税率水平区间。

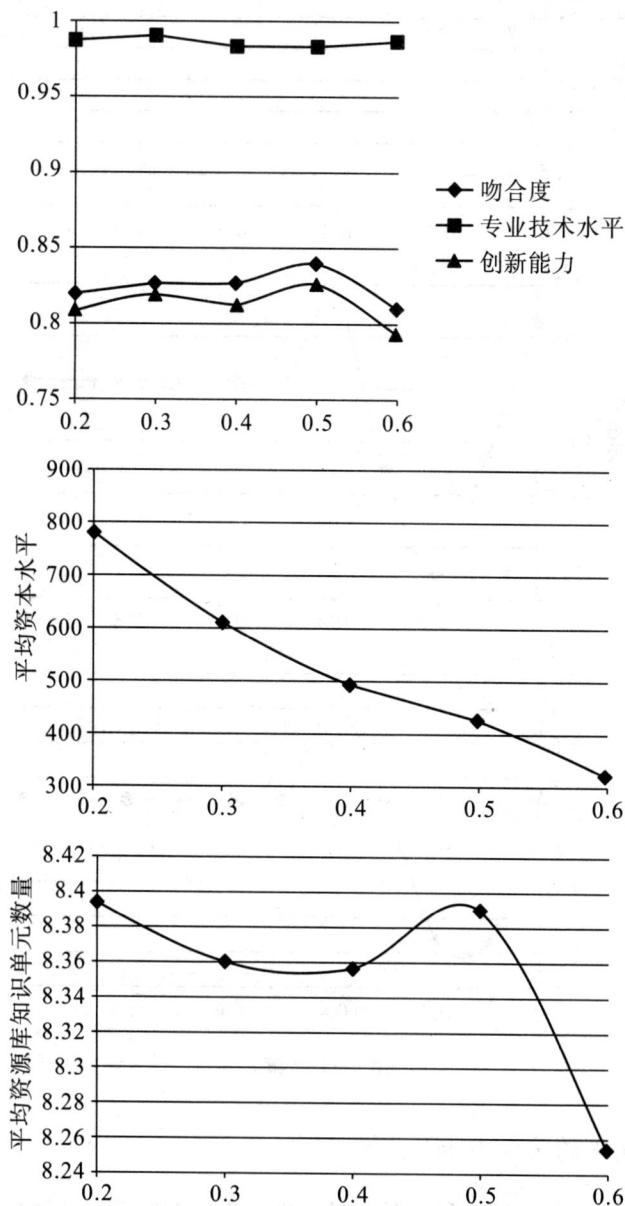

图 5—16　税率对产业集群创新系统主要特征的影响

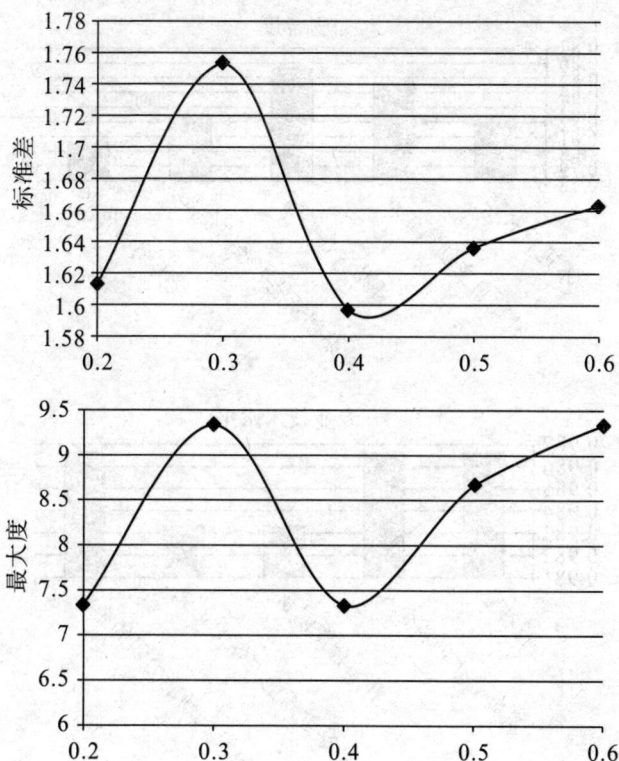

图 5-16（续）

（十一）政府补贴政策影响分析

由图 5-17 和图 5-18 可知，不同政府补贴政策对产业集群创新系统主要特征的影响并不相同。例如，补贴合作激进创新企业对吻合度、创新能力标准差和最大度影响较为显著，而补贴创新能力较弱的企业对吻合度的影响尚不如不进行补贴。因此，就产业集群创新系统补贴政策而言，政府需要依据政策目的科学选择补贴对象。

吻合度

专业技术水平

创新能力

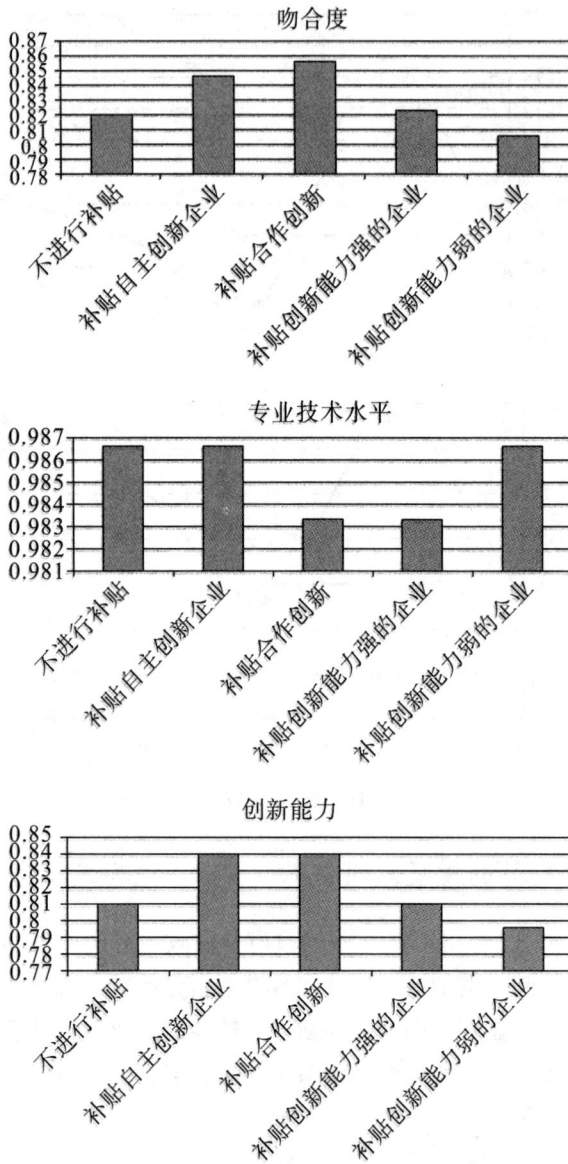

图 5-17　政府激进补贴政策对产业集群创新系统主要特征的影响

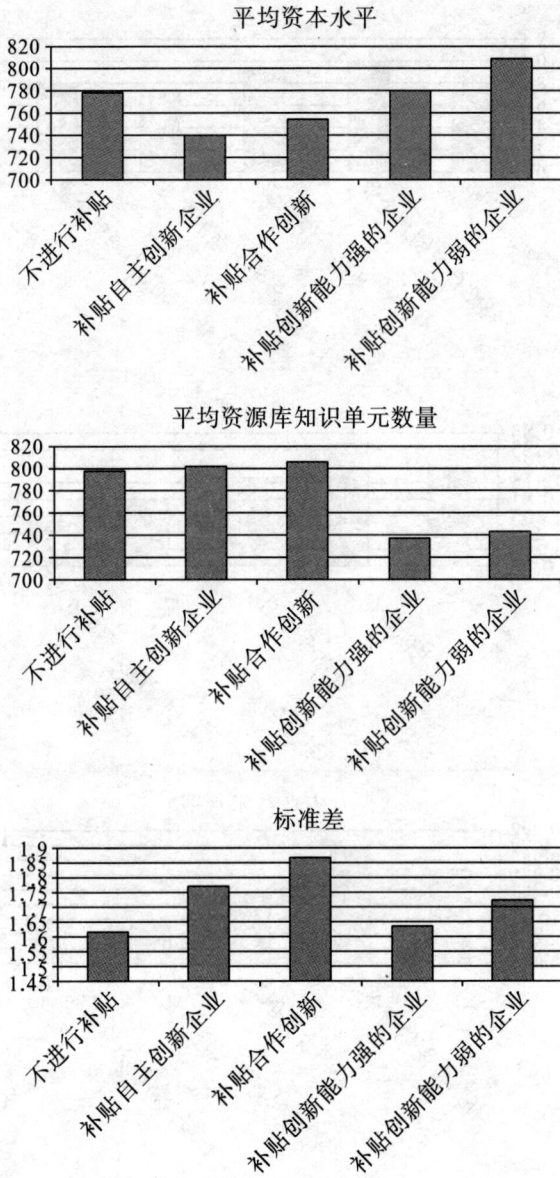

平均资本水平

平均资源库知识单元数量

标准差

图 5-17（续）

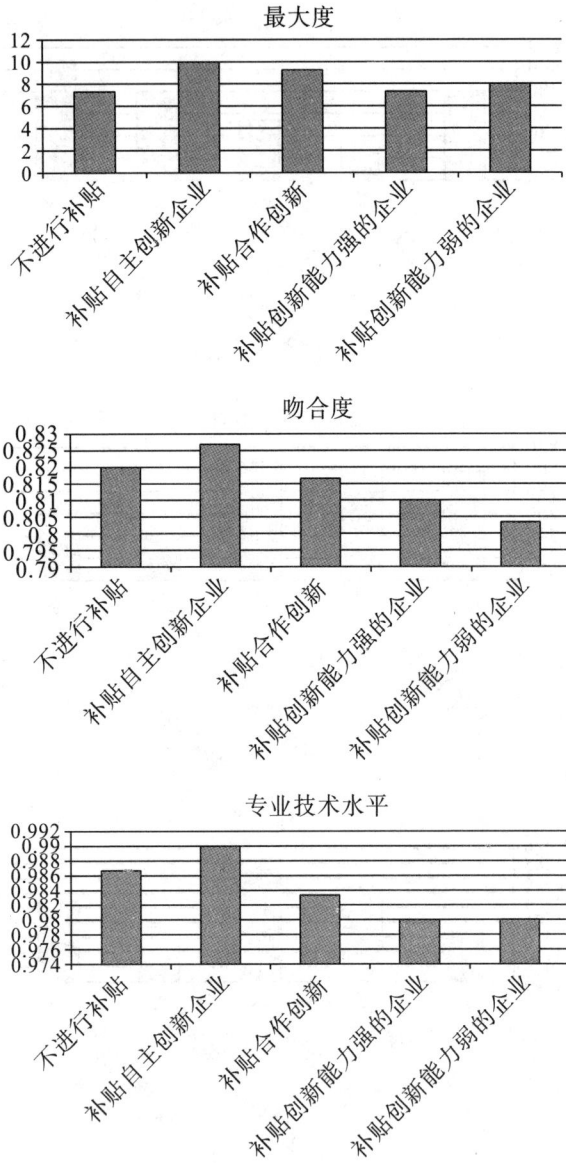

最大度

吻合度

专业技术水平

图 5—17（续）

创新能力

平均资本水平

平均资源库知识单元数量

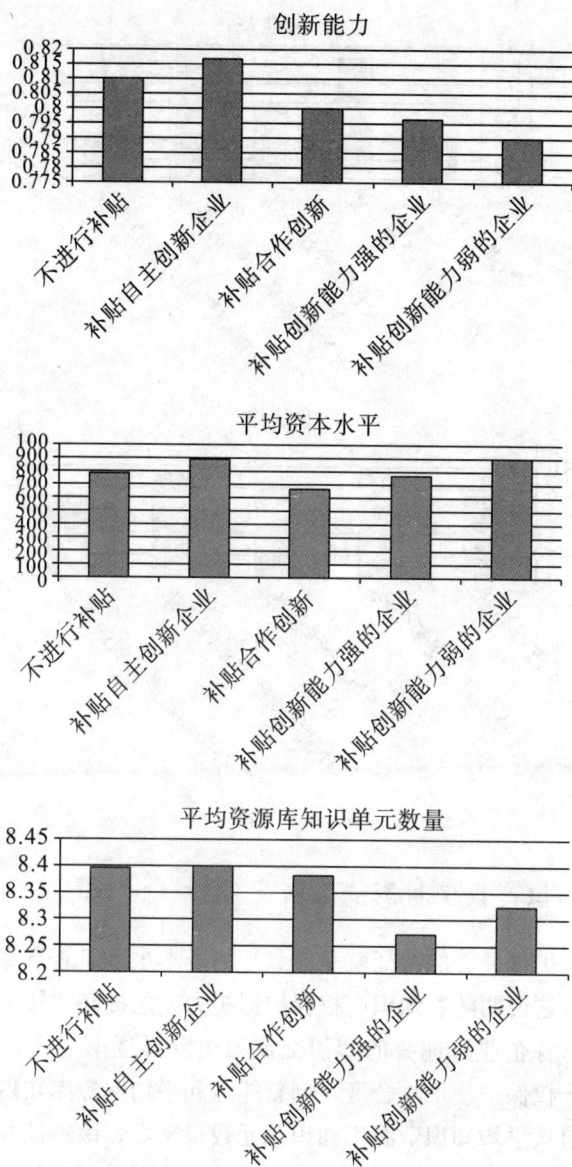

图 5—18　政府渐进补贴政策对产业集群创新系统主要特征的影响

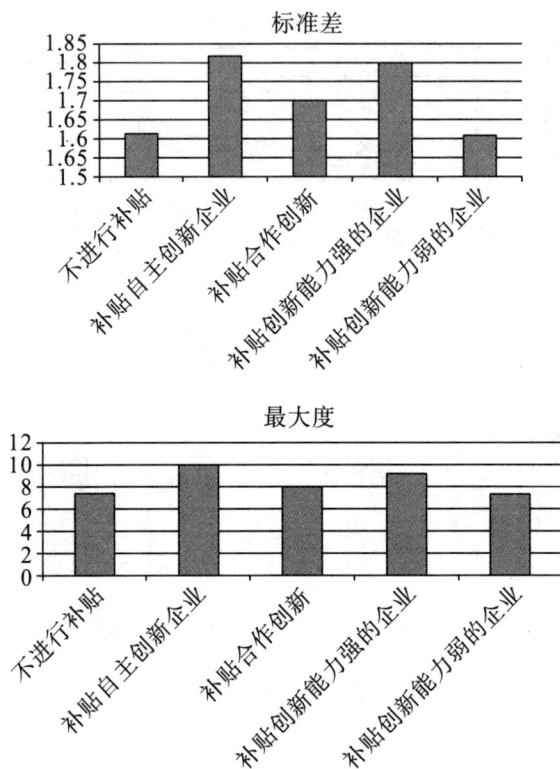

标准差

最大度

图 5-18（续）

（十二）知识产权保护影响分析

知识产权保护最显著的特征就是导致平均资本水平显著下降，标准差和最大度震荡上升，这说明随着知识产权保护保护力度的提高，知识资源逐步向少部分企业集中，各企业所拥有的知识交流渠道差异逐渐变大。如图 5-19 所示，虽然知识产权保护使得吻合度、创新能力和平均资源库知识单元数量整体呈下降趋势，但从平均知识资源库知识单元数量来看，该特征在产权保护力度为 0.2 附近取得最大值。同时，在 0.2 附近，平均资本水平仅比知识产权保护力度为 0 时有较小的下降。因此，适度知识产权保护有助于提高企业知识资源开发积极性。

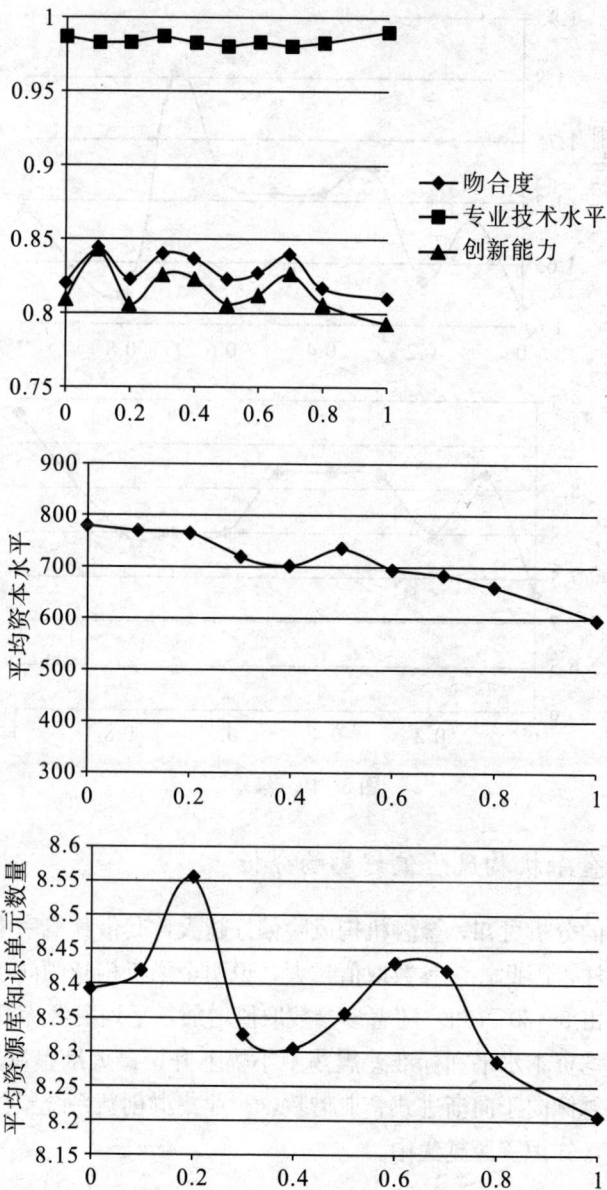

图 5-19 政府渐进补贴政策对产业集群创新系统主要特征的影响

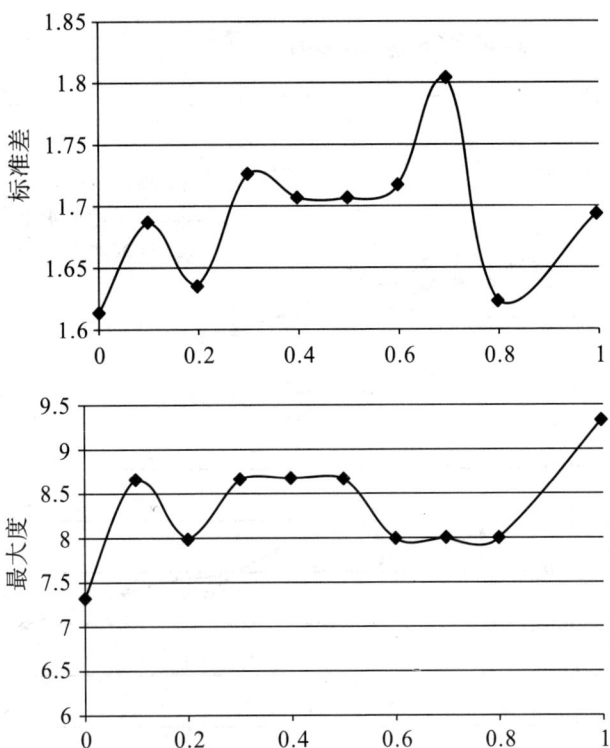

图 5-19（续）

（十三）金融机构风险偏好影响分析

由第四章的分析可知，金融机构风险偏好越大，其借款概率中对知识单元创新能力越关注，因此，该参数取值越大，说明金融机构越倾向于向渐进式创新企业借款。由 5-20 可知，随着该参数取值增加，平均资源库知识单元数量震荡下降，平均资本水平和标准差震荡中小幅上升，最大度呈震荡上升趋势，说明金融机构越倾向于向渐进式企业借款，产业集群创新系统整体新知识单元开发能力越弱，知识资源越集中。

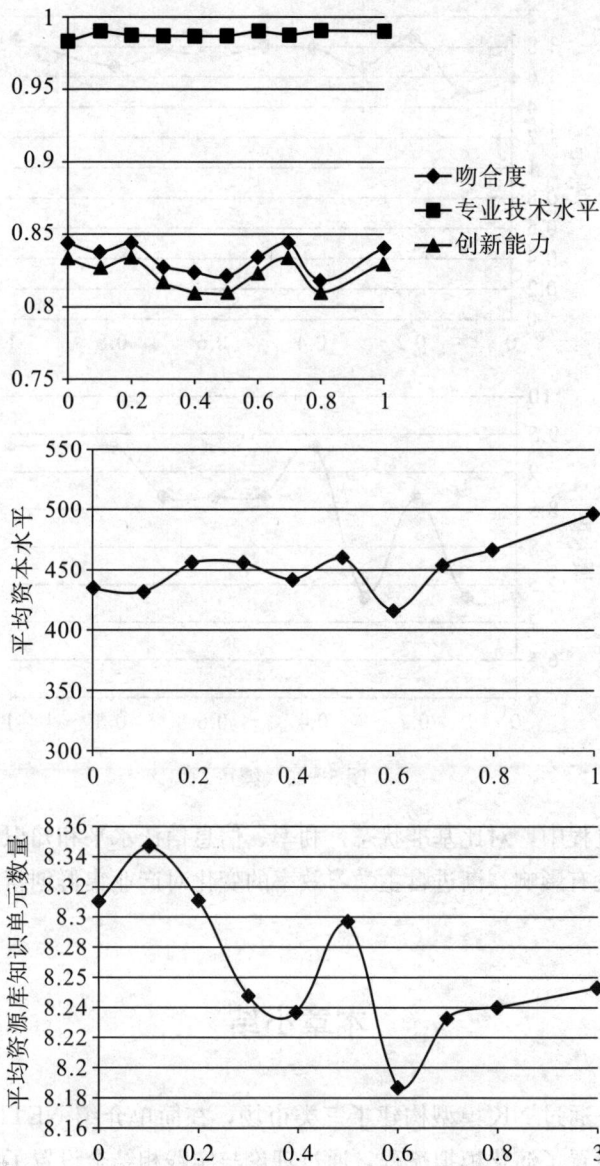

图 5-20　金融机构风险偏好对产业集群创新系统主要特征的影响

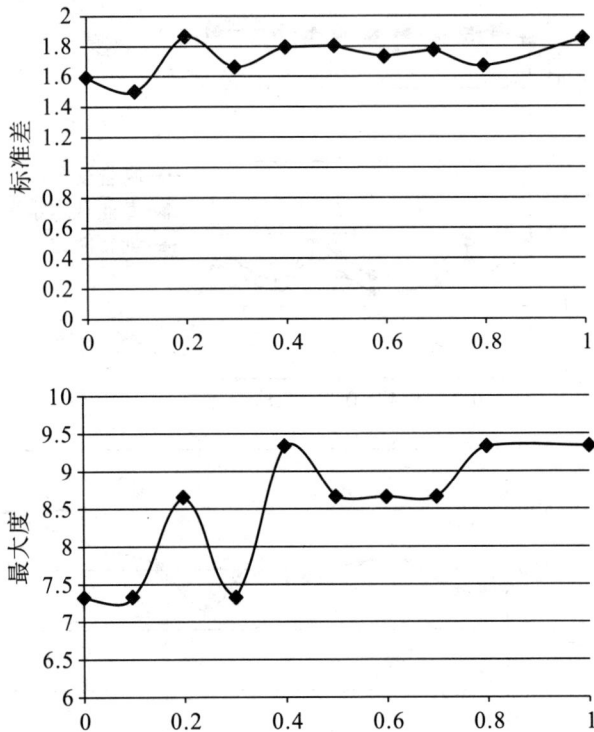

图 5-20（续）

在模拟过程中，对比基准状态，利率、信息信任水平和知识中心的初始知识单元数量没有影响，渐进自主学习效率的变化对产业集群创新系统特征也没有影响。

本章小结

本章首先通过 NK 模型构建了三类市场，在简单介绍 NETLOGO 仿真平台的基础上设置了演化模拟流程，通过理论与实践相结合设置了外生参数取值范围，并结合多主体系统演化分析目前主要的模拟手段和数据分析策略，设定了数据模拟策略、模拟停止时间和对比基准状态，并对仿真结果进行分析。

初步的仿真结果认为，随着创新复杂性的不断提高，知识资源逐步向少数企业集中，企业间知识流通渠道主要来源于少数节点；产业集群创新系统整体资本水平与创新复杂程度之间呈现 U 形关系。过多的初始企业会导致细分市场竞争加剧，最终也将导致知识资源和资本集中于少数企业。主体间过于密集和过于稀疏的创新互动都不利于产业集群创新系统整体市场适应能力的提升，企业过度依赖交互作用进行创新，将导致产业集群创新系统整体出现创新"锁定"。过高的创新资本临界水平将导致知识资源集中于少数企业；新进企业数量与产业集群创新系统整体市场适应能力之间呈现 W 形关系，过快或过慢的新企业市场进入速度都不利于产业集群创新系统整体市场适应能力的提升。渐进积累学习效率的过快提升将导致企业资源库整体处于稳定状态，产业集群创新系统整体将处于市场"锁定"状态。过高的模仿学习效率并不利于产业集群创新系统整体市场适应度提升，有可能导致企业资源库长期处于稳定状态，并降低企业间的创新交互作用。在较高的专业技术水平情况下，较高的激进自主创新学习效率可能导致产业集群创新系统整体知识资源"锁定"。税率水平与集群整体市场适应度之间呈现局部倒 U 形关系。政府的产业集群创新系统补贴政策需要依据政策目的科学选择补贴对象。随着知识产权保护力度提升，知识资源逐步向少数企业集中，适度的知识产权保护有助于提高企业知识资源开发积极性。金融机构越倾向于向渐进式企业借款，产业集群创新系统整体新知识单元开发能力越弱，知识资源越集中。

第六章　主要结论和研究展望

第一节　主要结论

　　熊彼特的创新理论提出已有百年历史，产业集群创新理论的专门研究也已有 20 余年，产业集群创新系统演化机制研究逐步从以需求拉动说、技术推动论等为代表的经济力学视野下的理论分析，向复杂系统、复杂网络理论为基础的经济生物学视野下的理论分析转变。本书以产业集群创新系统演化机制为研究重点，通过大量文献参阅，以复杂自适应系统理论为基础，构建产业集群创新系统演化概念模型，利用 NETLOGO 平台构建产业集群创新系统演化人工生命模型，对外生参数对产业集群创新系统演化的影响进行初步分析。主要结论有以下几个方面：

　　第一，产业集群创新系统演化过程就是企业、知识中心、非知识要素供给机构、中介组织、规制机构等主体在不断适应市场的过程中，通过自主研发、相互学习等途径不断推动有效知识存量增加和集群内部知识存量的优化配置的过程。产业集群创新系统满足复杂自适应系统的聚集、非线性、流、多样性四个特性和内部模型、积木和标识三个机制，是一类典型的复杂自适应系统。

　　第二，对于创新而言，关键问题是新知识发现和已有知识利用效能的充分挖掘，单维度或双维度的射线型知识描述方式虽可表征创新过程中知识资源不断积累带来的市场竞争力提升，但无法确切描述 CAS 视角下创新过程中主体不断试错、积累经验的特征，基于知识单元的 KENE 是一个合适的知识描述方式。从产品模块化的角度出发，需要将知识单元修改为功能、知识、专业水平三单元形式。考虑到产品各功能间的交互影响，NK 模型是描述产品设计空间的有效选择。对产业集群创新系统而言，渐进式创新主要是对某一等位知识单元串专业水平的不断提升，激进式创新是对等位知识单元串中知识特征的创新。渐进式创新和激进式创新对产业集群创新发展具有同等重要的作用。企业创新演化过程是知识资源和资本之间相互转换的过程，知识资源向资本的有效转换是企业生存的根本，资本向知识资源转换是企业提高生存能力的基础。

第三，在合理选择仿真模拟停止时间和对比基准状态后，模拟结果显示，随着创新复杂性的不断提高，知识资源逐步向少数企业集中，企业间知识流通渠道主要来源于少数节点，产业集群创新系统整体资本水平与创新复杂程度之间呈现 U 形关系。过多的初始企业会导致细分市场竞争加剧，最终也将导致知识资源和资本集中于少数企业。主体间过于密集和过于稀疏的创新互动都不利于产业集群创新系统整体市场适应能力的提升，企业过度依赖交互作用进行创新将导致产业集群创新系统整体出现创新"锁定"。过高的创新资本临界水平将导致知识资源集中于少数企业。新进企业数量与产业集群创新系统整体市场适应能力之间呈现 W 形关系，过快或过慢的新企业市场进入速度都不利于产业集群创新系统整体市场适应能力的提升。渐进积累学习效率的过快提升将会导致企业资源库整体处于稳定状态，产业集群创新系统整体将处于市场"锁定"状态。过高的模仿学习效率并不利于产业集群创新系统整体市场适应度提升，有可能导致企业资源库长期处于稳定状态，并降低企业间的创新交互作用。在较高的专业技术水平情况下，较高的激进自主创新学习效率可能导致产业集群创新系统整体知识资源"锁定"。税率水平与集群整体市场适应度之间呈现局部倒 U 形关系。政府的产业集群创新系统补贴政策需要依据政策目的科学选择补贴对象。随着知识产权保护力度提升，知识资源逐步向少数企业集中，适度知识产权保护有助于提高企业知识资源开发积极性。金融机构越倾向于向渐进式企业借款，产业集群创新系统整体新知识单元开发能力越弱，知识资源越集中。

第二节　研究展望

主要来源于生物学和经济学的 CAS 理论提出后得到了众多学科的认可和再研究。本研究尝试利用 CAS 系统理论构建产业集群创新系统演化人工生命模型，并借以为制定合理的产业集群创新系统政策保障体系提供理论和工具支持，但限于个人能力，仍存在不足，需要进一步展开研究。

其一，构建更为合理的产业集群创新系统演化概念模型。产业集群创新理论研究，尤其是创新理论研究汗牛充栋，虽然笔者已尽可能从现有理论中归纳相关主体、主体行为及影响因素，但难免挂一漏万。此外，对于众多案例研究、规范研究中提出的相关因素在实际产业集群创新系统演化中属于偶然性影响，还是具有一般性的因素，以及具有一般性的因素影响程度到底有多大等问题，在大规模的产业集群创新系统实证研究开展之前难以作出有效回答。另外，在概念模型的构建中没有考虑企业间的创新分工问题，在后续研究中需要重点强化。

其二，演化规则再优化。经济理论研究虽已十分丰富，但相较于物理、化学等相对成熟学科，困扰经济学研究的一个大问题是变量间的关系。经济理论中，关于变量间关系的结论多属于定性结论，这也使得模型化这些定性结论存在较大的随意性。本研究在构建演化概念模型时，变量间的函数关系尽可能选择较为常见且在产业集群创新理论研究中被广泛应用的函数形式，但这些函数形式的有效性也有待进一步检验。

其三，外生参数取值范围的再优化。外生参数是制定产业集群创新系统相关支持政策的重要切入口。虽然本研究的仿真结果分析较为粗糙，但在分析过程中，已出现部分临界现象和锁定现象，继续细化外生参数取值范围，并探索这些临界现象和锁定现象背后的机理，也是未来重要的研究工作。

其四，数据模拟策略的再优化。在 NETLOGO 平台构建的集群创新人工生命世界是现实世界的抽象，时间的无限性可以使人工生命世界在主体没有全部死亡之前一直演化，演化停止的时间点如何科学选择，也是需要再继续深化的问题之一。另外，关于数据模拟策略，本研究选择了固定基准状态变动一个外生参数的基本做法，如何深度挖掘集群创新人工生命世界可以提供的海量数据，并从中探索更具政策启示意义的结论，仍需进一步探索。

参考文献

[1] Abdelillah Hamdouch. Conceptualizing innovation clusters and network[J]. SSRN Electronic Journal, 2008(5):179.

[2] Alikhani M, Fazlollahtabar H. A Mathematical Model for Optimizing Organizational Learning Capability[J]. Advances in Operations Research, 2014(5):1−12.

[3] Asheim B. Regional Innovation Systems: The Integration of Local Sticky and Global Ubiquitous Knowledge[J]. Journal of Technology Transfer, 2002(27):77−86.

[4] Best M H. Cluster Dynamics, The New Competitive Advantage, the Renewal of American Industry[M]. Oxford: Oxford University Press, 2001.

[5] Boero R, Castellani M, Squazzoni F. Micro Behavioral Attitude and Macro Technological Adaptation in Industrial Districts: An Agent − based Prototype[J]. Journal of Artificial Societies and Social Simulation, 2004, 7(2):245−266.

[6] Capello R. Spatial transfer of knowledge in Hi − Tech milieux: Learning versus collective learning progresses[J]. Regional Studies, 1999(33):352−365.

[7] Chiles T H, Meyer A D, Hench T J. Organizational Emergence: The Origin and Transformation of Branson[J]. Organization Science, 2004, 15(5):499−519.

[8] Cooke P. Complex Adaptive Innovation Systems: Relatedness and Transversality in the Evolving Region[M]. Abingdon: Routledge, 2012.

[9] Derosa J K, Mc Caughin L K. Combined Systems Engineering and Management in the Evolution of Complex Adaptive Systems [C]. IEEE Systems Council and IEEE Region 6. Proceeding of IEEEE Systems Conference. New York: IEEE, 2007.

［10］Fonseca C A M,Diaz R A M,Quintero C C V. Methodology for the Design and Implementation of Strategy Based on Cybernetics and Complexity Science: A Case Study in Rafael Uribe Hospital Bogota D. C. Colombia ［C］. Universidad Distrital Francisco José de Caldas. Proceeding of Workshop on Engineering Applications——International Congress on Engineering(WEA). New York:IEEE,2015.

［11］Frenken K. History, State and Prospects of Evolutionary Models of Technical Change: A Review with Special Emphasis on Complexity Theory［C/OL］. (2005－02－28)［2019－01－17］. https://pure. tue. nl/ws/files/3031422/Metis228547.

［12］Gabriele Tedeschi, Stefania Vitali, Mauro Gallegati. The dynamic of innovation networks: a switching model on technological change［J］. J Evol Econ,2014(24):817－834.

［13］Gabriele Tedeschi, Stefania Vitali, Mauro Gallegati. the dynamic of innovation networks: a switching model on technological change［J］. J Evol Econ,2014(24):817－834.

［14］Garcia R. Use of Agent－Based Modeling in Innovation/New Product Development Research［J］. Journal of Product Innovation Management, 2005,22(5):380－398.

［15］Ghadri Golestani A. Individual－Based Modeling and Nonlinear Analysis for Complex Systems with Application to Theoretical Ecology［D］. Windsor :University of Windsor,2014.

［16］Gilbert N, Ahrweiler P, Pyka A. Simulating Knowledge Dynamics in Innovation Networks［M］. Heidelberg: Springer Berlin Heidelberg,2014.

［17］GRANT R M. Prospering in Dynamically Competitive Environments: Organization Capability as Knowledge Integration ［J］. Organization Science,1996,7(4):375－387.

［18］Ivanova, Leydesdorff. Rotational symmetry and the transformation of innovation systems in a Triple Helix of university－industry－government relations［J］. Technological Forecasting& Social Change,2014(86).

［19］Kenney M, Von Burg U. Technology, entrepreneurship and path dependence: industrial clustering in Silicon Valley and Route 128［J］. Industrial and Corporate Change,1999(8):67－103.

[20] Kim H D, Lee D H, Choe H, et al. The Evolution of Cluster Network Structure and Firm Growth: A Study of Industrial Software Clusters[J]. Scientometrics, 2014, 99(1):77−95.

[21] Langford C H, Wood J R. The Complexity of Canadian Clusters Operating in Global Science[R]. Calgary: University of Calgary, 2004.

[22] Lazerson M H, Lorenzon G. The firm s that feed industrial districts: Are turn to the Italian source[J]. Industrial and Corporate Change, 1999 (8): 235−266.

[23] Levinthal D A. Adaptation on rugged landscape[J]. Management Science, 1997, 43(7):934−950.

[24] Luo F, Liu S. Industry Clusters Innovation Action Model Based on the CAS Theory——Shanxi Magnesium Industry[J]. Applied Mechanics & Materials, 2014:580−583.

[25] Mahmoudzadeh M, Alborzi M, Ghazinoori S, et al. Organizational Learning and Knowledge Spillover in Innovation Networks: Agent − Based Approach (Extending Skin Framework)[J]. International Journal of Management and Business Research, 2014, 4(3):203−212.

[26] March J G. Exploration and Exploitation in Oraganization Learning[J]. Organization Science, 1991(21):71−87.

[27] Marian C, John E. Organizing Self − Organizing Systems: Toward a Theory of Industrial Symbiosis[J]. Journal of Industrial Ecology, 2012, 16 (1):13−27.

[28] Mayangsari L, Novani S, Hermawan P. Understanding a Viable Value Co− Creation Model for a Sustainable Entrepreneurial System: A Case Study of Batik Solo Industrial Cluster [J]. International Journal of Entrepreneurship and Small Business, 2015, 26(4):416−434.

[29] Meng H C. Innovation cluster as the national competitiveness tool in the innovation driven economy [J]. International Journal of Foresight and Innovation Policy, 2005, 2(1):104 −116.

[30] Montemagno C, Doumani R, Doumani C. Engineering with Life: New Tools for the 21st Century[C]. Proceeding of Bio Micro & Nanosystems Conference. New York: IEEE, 2006.

[31] Nigel Gilbert, Andreas Pyka, Petra Ahrweiler. Innovation Networks − A

Simulation Approach[J]. Journal of Artificial Societies and Social Simulation, 2001, 4(3):1－14.

[32] PADMORE T, GIBSON H. Modeling systems of innovation II: A framework of industrial cluster analysis in region[J]. Research Policy, 1998 (26): 625－641.

[33] Park S, Markusen A. Generalizing new industrial districts: A theoretical agenda and an application from a non－western economy[J]. Environment and Planning A, 1995 (27):81－104.

[34] Peng D. The Cooperative and Competitive Complexity Model of Emerging Strategic Marine Biological Medicine Virtual Industry Cluster Based on Value Net Theory[C]//Qi E S, Shen J, Dou R L. The 19th International Conference on Industrial Engineering and Engineering Management. Heidelberg: Springer Berlin Heidelberg, 2013:787－796.

[35] Petra Ahrweiler, Andreas Pyka, Nigel Gilbert. Simulating knowledge dynamics in innovation networks (SKIN)[J]. Volkswirtschaftliche Diskussionsreih, 2004(12):1－10.

[36] Preissl B. Innovation clusters: combining physical and virtual links[Z]. DIW Discussion papers, 2003: 1－25.

[37] Pyka A, Gilbert N, Ahrweiler P. Simulating Innovation Networks[M]. Cheltenham: Edward Elgar Publishing Ltd, 2002:169－196.

[38] Rajendran M, Mallick K K, Bhattacharya A K. Industry and Labor Dynamics[J]. Materials Science & Engineering B, 2015, 52(98):162－168.

[39] Richard Dawkins. the selfish gene[M]. Oxford University Press, 1976.

[40] Roettmer N, Katzy B. Cluster Innovation Capabilities——A Contribution to Understanding Cluster Innovativeness[R]. Center for Technology and Innovation Management, 2006.

[41] Shantha Liyanage. Breeding innovation clusters through collaborative research networks[J]. Technovation, 1995, (15):553－567.

[42] Silvestre B S, Neto R E S. Capability Accumulation, Innovation, and Technology Diffusion: Lessons from a Base of the Pyramid Cluster[J]. Technovation, 2013, 34(5):270－283.

[43] Thomas Döring, Jan Schnellenbach. What Do We Know About Geographical Knowledge Spillovers and Regional Growth?—A Survey of

the Literature[J]. regional studies,2006,40(3):375-395.

[44] 白素霞，陈井安. 产业集群向集群创新演化研究［J］. 经济体制改革，2015（3）：114-117.

[45] 保罗·克鲁格曼. 地理和贸易［M］. 张兆杰，译. 北京：北京大学出版社，2000.

[46] 蔡绍洪，徐和平，汪劲松，等. 区域集群创新网络形成发展的演进机理及特征［J］. 贵州社会科学，2007（5）：4-9.

[47] 蔡猷花，陈国宏，刘虹，蔡彬清. 产业集群创新网络及知识整合交互影响模型及仿真分析［J］. 中国管理科学，2013（11）：771-776.

[48] 曹洪军，张红霞，王鹏. 产业集群创新体系研究［J］. 商业研究，2006（4）：46-48.

[49] 曹丽莉. 多元供应链的构建融合推进产业集群创新升级［J］. 软科学，2009，23（1）：75-79.

[50] 曹路宝，胡汉辉，陈金丹. 基于U-I关系的高技术产业集群创新网络分析［J］. 科学学与科学技术管理，2011，32（5）：28-33.

[51] 曹群. 纵向知识整合的产业集群创新博弈过程［J］. 哈尔滨工程大学学报，2009，30（6）：708-712.

[52] 曹兴，傅梦韵，张亮. 网络条件下企业技术创新行为选择的仿真研究［J］. 系统工程，2015（9）：15.

[53] 陈平. 印度班加罗尔信息产业集群研究［J］. 商业研究，2007（11）：125-128.

[54] 陈强，王艳艳. KIBS集群创新发展的动力机制分析［J］. 科技管理研究，2011（19）：1-4.

[55] 陈守明，王朝霞. 集群创新的混合型成长路径——以圣地亚哥生物技术集群的案例［J］. 经济论坛，2010（3）：140-143.

[56] 陈伟，周文，郎益夫. 基于集群创新合作网络的知识创新与扩散过程建模与仿真研究［J］. 运筹与管理，2014（12）：257-265.

[57] 陈晓红，周源，许冠南，等. 产业集群向集群创新升级的影响要素和路经研究——以广东昭信科技园区为例［J］. 中国管理科学，2013（11）：751-757.

[58] 陈永正. 马克思的生产工具思想及其当代启示［J］. 南京政治学院学报，2015，31（5）：47-53.

[59] 陈振羽. 正确理解马克思的简单劳动和复杂劳动理论［J］. 经济经纬，

1999 (2)：23－27.

[60] 丛继坤. 地方高校科研团队适合度模型及实证研究 [D]. 天津：河北工业大学，2008.

[61] 邓峰. 核心企业创新能力对集群创新绩效的影响路径 [J]. 管理现代化，2016，36 (1)：96－98.

[62] 丁明磊，刘秉镰. 知识型创业与产业集群创新联动发展研究 [J]. 科技进步与对策，2010 (15)：64－66.

[63] 董慧梅，候卫真，汪建苇. 复杂网络视角的高新技术产业集群创新扩散研究——以中关村产业园为例 [J]. 科技管理研究，2016 (5)：149－154.

[64] 董景荣，周洪力. 技术创新内涵的理论思考 [J]. 科技管理研究，2007 (7)：27－29.

[65] 董微微，基于复杂网络的集群创新形成与发展机理研究 [D]. 长春：吉林大学，2013.

[66] 董微微，李北伟. 集群创新的形成机理研究——基于复杂网络视角 [J]. 科技与经济，2015 (1)：22－26.

[67] 董湧，陈继祥. 产业集群复杂自适应系统的层次与分形 [J]. 上海交通大学学报，2008 (11)：1862－1865.

[68] 范如国，蔡海霞，李星. 中小企业集群创新能力差异性与绩效分析 [J]. 科技进步与对策，2012，29 (10)：46－51.

[69] 范太胜. 基于产业集群创新网络的协同创新机制研究 [J]. 中国科技论坛，2008 (7)：26－30.

[70] 范云波. 创新驱动发展战略——习近平与"十三五"十四大战略 [EB/OL]. (2015.11.22) [2018.09.11]. http：//www. xinhuanet. com/politics/2015－11/22/c＿1117221776. htm.

[71] 冯朝军，温焜. 科技型中小企业集群创新学习的组织与路径 [J]. 决策咨询，2018.

[72] 冯涛，邓俊荣. 从劳动分工到知识分工的组织间合作关系演进 [J]. 学术月刊，2010 (8)：92－98.

[73] 付韬，张永安. 核型集群创新网络演化过程的仿真——基于回声模型 [J]. 系统管理学报，2011 (7)：406－415.

[74] 高晗，陆军. 基于社会网络视角的中国创意产业集群创新研究 [J]. 哈尔滨工业大学学报（社会科学版），2018 (4)：124－133.

[75] 高长元，王京. 网络视角下软件产业虚拟集群创新扩散模型研究 [J].

管理科学，2014（4）：123-132.

[76] 顾婷婷. 人力资本流动、知识外溢与技术创新研究——基于产业集群创新系统的视角 [J]. 技术经济与管理研究，2016（10）：31-37.

[77] 顾志刚. 发展中国家产业集群创新网络构建和技术能力提高 [J]. 经济地理，2007，27（6）：961-964.

[78] 广东工业园区. 全国又新设立3家"国家级"自主创新示范区！附新名单 [EB/OL].（2018-12-04）[2019-03-20]. http：//www. sohu. com/a/279679843_99908715.

[79] 郭利平. 基于自组织的集群创新演化机理及其对策 [J]. 企业经济，2015（9）：58-62.

[80] 郭运丰. 基于NK仿真模型的重大工程项目层级式组织结构研究 [D]. 哈尔滨：哈尔滨工业大学，2014.

[81] 过文俊，毛睿. 论中小高新技术企业集群式创新与风险投资的联动 [J]. 中大管理研究，2007，2（3）：212-140.

[82] 哈耶克. 自由秩序原理 [M]. 邓正来，译. 北京：生活·读书·新知三联书店，1997.

[83] 哈耶克. 个人主义与经济秩序 [M]. 贾湛，文跃然，译. 北京：北京经济学院出版社，1989.

[84] 赫连志巍，王岚. 产业集群创新网络中创新能力传递障碍与集群升级研究 [J]. 科技进步与对策，2018，35（3）：60-66.

[85] 胡恩华，刘洪. 基于复杂自适应系统的企业产业集群创新行为研究 [C] //提高全民科学素质 建设创新型国家——2006中国科协年会论文集. 北京：中国科协年会，2006：65-72.

[86] 胡建团. 创新集聚的空间效应研究 [D]. 武汉：中国地质大学，2018.

[87] 胡俊峰. 中小企业产业集群创新网络相关问题的研究与展望——基于文献的述评 [J]. 工业技术经济，2011，30（2）：55-61.

[88] 胡雅蓓. 现代服务业产业集群创新网络模式研究——以江苏百家省级现代服务业集聚区为例 [J]. 华东经济管理，2014，28（2）：5-9.

[89] 黄少坚. 集群创新的演化路径：产学研互动机制研究——以硅谷集群创新的演化机制为例 [J]. 管理观察，2013（12）.

[90] 黄玮强，庄新田，姚爽. 产业集群创新合作网络的自组织演化模型及仿真研究 [J]. 管理学报，2012（10）：1475-1483.

[91] 黄文富. 论企业的性质与起源——对科斯的质疑 [J]. 科技创业月刊，

2006 (6)：177—178.

[92] 黄中伟. 基于网络结构的产业集群创新机制和绩效分析 [J]. 宁波大学
学报（人文科学版），2004，17 (3)：94—97+107.

[93] 贾晓辉. 基于复杂适应系统理论的产业集群创新主体行为研究 [D]. 哈
尔滨：哈尔滨工业大学，2016.

[94] 姜继娇，杨乃定. 基于 GVC 的区域产业集群创新管理研究 [J]. 科技
导报，2004，22 (3)：28—30.

[95] 姜江，胡振华. 区域产业集群创新系统发展路径与机制研究 [J]. 经济
地理，2013，33 (8)：86—90.

[96] 姜凌. 产业集群创新动力与机理解析 [J]. 科技管理研究，2009 (5)：
444—445.

[97] 姜维军，张见超. 产业集群向集群创新演进的动力博弈分析 [J]. 企业
家天地，2010 (2)：18—20.

[98] 蒋东仁. 产业集群创新的政府行为透析 [J]. 科学学与科学技术管理，
2006，27 (12)：61—65.

[99] 蒋伟进，张莲梅，史德嘉. 复杂自适应系统的 MAS 动态协作任务求解
时序逻辑模型 [J]. 系统工程理论与实践，2012，32 (6)：1305—1313.

[100] 解学梅，马国鑫，戴智华. 基于远胞自动机的集群创新演化驱动力模型
研究 [J]. 科技进步与对策，2012 (14)：50—54.

[101] 经济合作与发展组织. 集群创新：国家创新体系的推动力 [M]. 北京：
科学技术文献出版社，2004.

[102] 来向红. 伙伴选择方式对创新网络绩效影响的仿真 [J]. 南京信息工程
大学学报（自然科学版），2014 (6)：17—25.

[103] 雷如桥，陈继祥. 纺织产业集群创新网络形成演化机理研究 [J]. 天津
工业大学学报，2005 (2)：69—72.

[104] 李春艳，肖国东，刘海波. 产业集群创新能力提高的途径：基于组织理
论的解释 [J]. 税务与经济，2008 (2)：1—4.

[105] 李浩，李静，黄剑. 社会资本对产业集群创新中知识整合有效性的影响
研究 [J]. 管理案例研究与评论，2017 (4)：405—418.

[106] 李慧. 复杂装备制造业产业集群创新网络研究及启示 [J]. 科学学与科
学技术管理，2012，33 (11)：52—61.

[107] 李金华. 一个创新网络动态性的仿真模型 [J]. 数学的实践与认识，
2008 (5)：13—21.

[108] 李雷鸣，陈俊芳. 关于不同企业起源学说的述评与补充 [J]. 江苏社会科学，2004 (1)：64－67.

[109] 李明惠. 生命周期视域下大企业集群自主创新模式选择 [J]. 科技进步与对策，2018 (8)：92－99.

[110] 李娜，陈畴镛. 产业集群创新网络下的技术学习机制研究 [J]. 经济论坛，2008 (5)：19－20.

[111] 李平. 集群创新演化模式研究 [J]. 理论探讨，2012 (1)：93－96.

[112] 李巧，孔庆书. 高新技术产业集群创新能力研究——以部分省会城市高新区为例 [J]. 河北经贸大学学报，2010，31 (6)：42－45.

[113] 李文博. 基于内在经济运行机理的中小企业产业集群创新研究 [J]. 科技进步与对策，2007，24 (3)：82－86.

[114] 李永刚. 论产业集群创新与模仿的战略选择 [J]. 中国工业经济，2004 (12)：46－54.

[115] 李勇，屠梅曾，史占中. 企业产业集群创新网络动态演化模型 [J]. 系统工程理论方法应用，2006 (4)：180－184.

[116] 李宇，陆艳红，张洁. 产业集群创新网络的知识创造效用研究——有意识的知识溢出视角 [J]. 宏观经济研究，2017 (6)：94－106.

[117] 李志刚，汤书昆，梁晓艳，等. 产业集群网络结构与企业创新绩效关系研究 [J]. 科学学研究，2007，25 (4)：777－782.

[118] 梁宏. 产业集群技术创新能力构建及其治理研究 [D]. 武汉：华中科技大学，2004.

[119] 林艳，王宏起. 基于优势企业的产业集群创新网络结构与功能研究 [J]. 科技管理研究，2009 (5)：441－443.

[120] 刘红霞，郁琼源. "中国总税率为 68％" 的说法不靠谱 [EB/OL]. (2017－01－17). http：//www. xinhuanet. com/mrdx/2017－01/17/c_135988374. htm.

[121] 刘凯宁，樊治平，于超. 基于 NK 模型的商业模式创新路径选择 [J]. 管理学报，2017 (11)：1650－1661.

[122] 刘启雷，郭鹏，李苗，张洪英. 高等科研院所基础研究成果转化生态系统构建研究——基于西安市成果转化生态的分析 [J]. 科学管理研究，2018 (7)：1－5.

[123] 刘思峰，郭天榜，党耀国. 灰色系统理论及其应用 [M]. 北京：科学出版社，1999.

［124］刘晓燕，单晓红. 知识视角下技术创新网络伙伴选择方式仿真［J］. 科技管理研究，2015（1）：156－166.

［125］刘燕燕，余以胜. 面向产业集群创新的知识资源组织研究［J］. 情报杂志，2010（6）：226－229.

［126］刘友金. 关于产业集群创新优势的研究及其启示［J］. 经济学动态，2003（2）：78－80.

［127］刘志峰，王娜. 产业集群创新系统的构成、运行及优化研究［J］. 科技管理研究，2010，30（7）：89－92.

［128］龙开元. 集群创新：产业集群的发展方向［J］. 中国科技论坛，2009（12）：53－56.

［129］陆立军，郑小碧. 基于系统范式的中小企业产业集群创新优势研究［J］. 科学学与科学技术管理，2010，31（5）：100－105.

［130］陆泉，焦玉英，成全. 基于维基专家团队的复杂自适应系统与知识创新研究［J］. 情报理论与实践，2009，32（4）：66－70.

［131］吕国庆，曾刚，马双，等. 产业集群创新网络的演化分析——以东营市石油装备制造业为例［J］. 科学学研究，2014，32（9）：1423－1430.

［132］马歇尔. 经济学原理［M］. 朱志泰，陈良璧，译. 北京：北京出版社，2007.

［133］迈克尔·波特. 国家竞争优势［M］. 李明轩，邱如美，译. 北京：华夏出版社，2002.

［134］毛才盛. 基于共生理论的大学科技园产业集群创新能力研究［J］. 科技进步与对策，2013（11）：463－466.

［135］毛磊. 演化博弈视角下创意产业集群创新网络的企业合作行为研究［J］. 统计与决策，2013（1）：54－56.

［136］倪沪平. 分工演化过程中知识分工网络形成机制的研究［J］. 上海经济研究，2010（7）：67－76.

［137］欧阳宁波，危怀安，龙晋威. 产业集群创新系统与政府行为［J］. 科技管理研究，2008，28（5）.

［138］庞俊亭，游达明. 基于复杂网络视角的产业集群创新网络特性研究［J］. 统计与决策，2012（2）：52－55.

［139］裴瑱，高运胜. 知识密集型服务业与产业集群创新——基于技术外溢的分析视角［J］. 经济经纬，2009（4）：31－34.

［140］彭靖里，谭海霞，邓艺，等. 技术预见理论在产业集群创新能力分析中

的应用 [J]. 科技与经济，2005，18（2）：16-18.

[141] 彭宇文. 产业集群创新动力机制研究评述 [J]. 经济学动态，2012（7）：77-81.

[142] 戚桂杰，张伟. 基于 NK 模型的知识联盟企业信息资源开发中政府作用的探讨 [J]. 情报科学，2007（9）：1306-1309.

[143] 丘海雄，崔强. 剖析产业集群创新——西樵纺织产业集群的案例研究 [J]. 学术研究，2004（7）：25-31.

[144] 全球企业综合税率排行榜，猜猜中国排第几？[EB/OL]. （2017-12-09）. https://www.sohu.com/a/209423303_260512.

[145] 阮国祥，阮平南，宋静. 创新网络成员知识共享演化博弈仿真分析 [J]. 情报杂志，2011（2）：100-104.

[146] 邵云飞，成斌. 产业集群创新及其主要影响因素分析 [J]. 电子科技大学学报（社会科学版），2008，10（3）：32-36.

[147] 邵云飞，范群林，唐小我. 产业集群创新的竞争扩散模型研究 [J]. 科学学与科学技术管理，2010，31（12）：43-49.

[148] 邵云飞，欧阳青燕. 网络化与集群优势的综合集成——基于网络特征的产业集群创新研究 [J]. 电子科技大学学报（社会科学版），2008，10（6）：28-32.

[149] 沈华嵩. 经济系统的自组织理论 [M]. 北京：中国社会科学出版社，1991.

[150] 施卫东，金鑫. 产业集群创新对我国风电产业发展的影响——基于风电企业面板数据的实证分析 [J]. 经济管理，2010（2）：45-51.

[151] 史焱文，李二玲，李小建. 农业产业集群创新效率及影响因素——基于山东省寿光蔬菜产业集群的实证分析 [J]. 地理科学进展，2014，33（7）：1000-1008.

[152] 孙斌，郑垂勇. 产业集群创新系统的序参量研究 [J]. 统计与决策，2009（6）：140-142.

[153] 孙小强. 基于生态学视角的产业集群创新网络系统构建与分析 [J]. 经济问题探索，2015（1）：49-54.

[154] 田刚，张永安，兰卫国. 基于刺激-反应模型的产业集群创新网络形成机理研究 [J]. 管理评论，2009（7）：49-55.

[155] 田刚，张永安. 产业集群创新网络演化的动力和合作机制研究 [J]. 软科学，2008（8）：91-96.

[156] 田刚，张永安. 产业集群创新网络演化的动力模型及其仿真研究 [J]. 科研管理，2010 (1)：104−115.

[157] 田钢，张永安，兰卫国，等. 产业集群创新网络演化的复杂适应性研究 [J]. 研究与发展管理，2010 (4)：96−106.

[158] 田钢. 集群创新网络演化的动力模型及其仿真研究 [J]. 科研管理，2010，31 (1)：104−115.

[159] 万陆. 外部知识源下的产业集群创新能力培育路径 [J]. 科技进步与对策，2009 (20)：169−173.

[160] 汪安佑，高沫丽，郭琳. 产业集群创新 IO 要素模型与案例分析 [J]. 经济与管理研究，2008 (4)：18−22.

[161] 汪小帆，李翔，陈关荣. 复杂网络理论及应用 [M]. 北京：清华大学出版社，2006.

[162] 王发明. 基于网络结构视角的产业集群创新能力研究 [J]. 软科学，2008，22 (10)：86−89.

[163] 王灏，曾刚. 产业集群创新网络与上海张江高科技园区软件业的发展 [J]. 地域研究与开发，2008，27 (4)：9−14.

[164] 王会龙，池仁勇. 区域科技孵化网络的构建及其创新效应 [J]. 软科学，2004，18 (4)：22−24.

[165] 王静华. 产业集群创新能力评价指标体系的构建 [J]. 统计与决策，2011 (19)：186−188.

[166] 王雷. 产业集群创新能力增长机理的路径依赖 [J]. 北京工商大学学报（社会科学版），2004，19 (4)：22−25.

[167] 王敏，唐泳，银路. 产业集群创新系统（CIS）的学习效率探析——基于复杂网络的观点 [J]. 研究与发展管理，2007，19 (6)：38−43.

[168] 王鹏飞，张红霞，曹洪军. 基于 BP 神经网络的产业集群创新能力研究 [J]. 科学学与科学技术管理，2005，26 (5)：73−76.

[169] 王维，周鹏，乔朋华. 地方政府对跨行政边界产业集群创新网络企业隐性知识共享行为的影响——基于演化博弈的研究 [J]. 科技管理研究，2014 (22)：145−150.

[170] 王伟光，尹博，冯荣凯. 大连软件产业集群创新发展能力研究 [J]. 科技进步与对策，2012，29 (9).

[171] 王炜，罗守贵. 基于 NETLOGO 知识密集型产业演化仿真 [J]. 现代管理科学，2016 (7)：27−29.

[172] 王贤梅，胡汉辉. 基于社会网络的产业集群创新能力分析 [J]. 科学学与科学技术管理，2009，30（12）：86－91.

[173] 王小丽. 信任机制下的产业集群创新网络构建策略 [J]. 企业经济，2008（3）：15－17.

[174] 王兴元，孙平. 高新技术产业集群创新体系"双钻石"框架模型 [J]. 科技管理研究，2005，25（12）：103－107.

[175] 魏江，朱海燕. 高技术产业集群创新过程模式演化及发展研究——以杭州软件产业集群为例 [J]. 研究与发展管理，2006，18（6）：116－121.

[176] 魏江，朱海燕. 产业集群创新系统的创新桥梁：知识密集型服务业 [J]. 浙江大学学报（人文社会科学版），2007（2）：52－60.

[177] 魏江，朱海燕. 知识密集型服务业功能论：产业集群创新过程视角 [J]. 科学学研究，2006（3）：455－459.

[178] 魏江. 小企业产业集群创新网络的知识溢出效应分析 [J]. 科研管理，2003（4）：54－60.

[179] 魏江. 创新系统演进和产业集群创新系统构建 [J]. 自然辩证法通讯，2004，26（1）：48－54.

[180] 魏守华，吴贵生. 地方产业集群创新机制与实证研究 [J]. 科技管理研究，2008（12）：463－466.

[181] 吴开军，吴价宝. 中小企业的产业集群创新能力评价研究 [J]. 软科学，2007，21（6）：116－118.

[182] 吴松强，石岿然. 产业集群创新的自组织机理研究 [J]. 科技管理研究，2008，28（10）：259－261.

[183] 吴友军. 集群学习与产业集群创新 [J]. 科技管理研究，2010，30（8）：106－108.

[184] 夏曾玉，林婷，刘霞. 温州集群企业跨区域知识网络对产业集群创新能力的影响 [J]. 江苏科技大学学报（自然科学版），2018，32（3）：414－419.

[185] 肖华茂，田钢. 产业集群创新网络演化的黏着机制研究 [J]. 科技管理研究，2010，30（6）：209－213.

[186] 肖卫平. 企业起源问题探析 [J]. 企业经济，2006（3）：61－63.

[187] 谢荣见，孙剑平. 产业集群创新环境下基于知识链的知识扩散研究 [J]. 中国科技论坛，2009（7）：64－67.

[188] 谢贞发，陈工. 产业集群创新演化研究——基于演化经济学的视角 [J]. 当代财经，2008（11）：91－97.

［189］徐炳振. 复杂自适应系统动力学演化及其相变的一般理论［J］. 物理学报，2008（4）：1991-1997.

［190］徐道宣. 中小企业产业集群创新能力综合评价模型［J］. 科技进步与对策，2007，24（10）：158-161.

［191］徐建敏，任荣明. 产业集群创新效应及政策建议［J］. 科学学与科学技术管理，2006（12）：165-166

［192］徐蕾. 产业集群创新网络内涵、运行机制与研究展望［J］. 情报杂志，2012，31（5）：202-207.

［193］徐强，鲁若愚. 中小企业产业集群创新［J］. 经营管理者，2003（3）：32-34.

［194］徐顽强，段萱. 我国产学研产业集群创新形态及优化策略——以湖北"光谷"和"农谷"为例［J］. 科技进步与对策，2014，31（8）：53-57.

［195］徐巍，区域创新网络中的技术合作与转移仿真研究［D］. 上海：上海交通大学，2010.06.

［196］徐维祥，刘程军，江为赛，等. 产业集群创新的时空分异特征及其动力演化——以浙江省为例［J］. 经济地理，2016，36（9）：103-110.

［197］徐维祥，刘程军. 产业集群创新与县域城镇化耦合协调的空间格局及驱动力——以浙江为实证［J］. 地理科学，2015，35（11）：1347-1356.

［198］徐莹莹，綦良群. 基于复杂网络演化博弈的企业集群低碳技术创新扩散研究［J］. 中国人口·资源与环境，2016（8）：16-24.

［199］徐占忱，卜琳华，何明升. 基于生态复杂性的区域产业集群创新系统优效性研究［J］. 系统管理学报，2007，16（5）：558-562.

［200］阳毅，游达明. 产业集群创新中行业协会的构成体系与运行机制［J］. 经济地理，2012，32（5）：103-106.

［201］杨洪焦，孙林岩，宫俊涛. 阻碍产业集群创新优势发挥的因素分析及对策研究［J］. 科技进步与对策，2008，25（9）：53-56.

［202］杨皎平，纪成君，吴春雷. 产权保护下的产业集群创新与知识溢出研究［J］. 软科学，2009，23（10）：78-82.

［203］杨敬华，蒋和平. 农业科技园区产业集群创新的链式发展模式研究［J］. 科学管理研究，2005，23（3）：83-86.

［204］杨明，潘冬法. 我国体育用品产业集群创新研究［J］. 山东体育学院学报，2008，24（10）：1-6.

［205］杨小凯. 经济学原理［M］. 北京：中国社会科学出版社，1998.

[206] 杨雪，顾新，张省. 基于知识网络的产业集群创新演化研究——以成都高新技术产业开发区为例 [J]. 软科学，2014，28（4）：83-87.

[207] 叶文忠，刘友金. 基于产业集群创新优势的区域国际竞争力研究——一个分析框架的提出与构思 [J]. 社会科学家，2005（6）：61-64.

[208] 叶植允. 基于复杂自适应系统的回声模型——对模拟方法的思考 [D]. 广州：华南师范大学，2011.

[209] 禹献云，曾德明，陈艳丽，等. 技术创新网络知识增长过程建模与仿真研究 [J]. 科研管理，2013（10）：35-41.

[210] 袁孝亭. 正确认识存量知识与创造精神和创造能力的关系 [J]. 地理教育，2004（5）.

[211] 袁中华，詹浩勇. 生产性服务业集聚、知识分工与国家价值链构建 [J]. 宏观经济研究，2016（7）：98-104.

[212] 约翰·霍兰. 涌现：从混沌到有序 [M]. 陈禹，等，译. 上海：上海世纪出版集团，2006.

[213] 约翰·霍兰. 隐秩序——适应性造就复杂性 [M]. 周晓牧，韩晖，译. 上海：上海科技教育出版社，2000.

[214] 张保林. 基于 CAS 的产业集群形成一般性影响因素模拟识别研究 [D]. 南昌：江西财经大学，2011.

[215] 张聪群. 产业集群创新：优势与知识溢出所产生的双重影响 [J]. 宁波大学学报（人文版），2005（5）：32-36.

[216] 张凤，何传启. 创新的内涵、外延和经济学意义 [J]. 世界科技研究与发展，2002（3）：55-62.

[217] 张杰，刘东. 产业技术轨道与产业集群创新动力的互动关系研究 [J]. 科学学研究，2007，25（5）：858-863.

[218] 张曼，菅利荣. 基于产学研跨组织知识集成的战略性新兴产业集群创新网络研究 [J]. 科技管理研究，2017，37（10）：206-213.

[219] 张明霞. 企业技术创新能力系统演化的回声模型研究 [D]. 昆明：昆明理工大学，2017.

[220] 张危宁，朱秀梅，柳青，等. 高技术产业集群创新绩效评价指标体系设计 [J]. 工业技术经济，2006，25（11）：57-59.

[221] 张伟，王希钧. 企业技术创新能力的系统知识存量增长的动力学模型 [J]. 现代商业，2011（9）：124-126.

[222] 张小蒂，赵榄，林怡. 产业集群创新力提升机制研究——以桐庐制笔为

例 [J]. 管理评论, 2011, 23 (4): 18-24.

[223] 张欣, 徐二明. 基于制度理论的产业集群创新研究 [J]. 当代财经, 2008 (7): 85-88.

[224] 张学伟, 刘志峰. 产业集群创新机制的形成机理和影响因素研究 [J]. 科技管理研究, 2010, 30 (2): 176-179.

[225] 张应青, 范如国, 罗明. 知识分布、衰减程度与产业集群创新模式的内在机制研究 [J]. 中国管理科学, 2018, 26 (12): 186-196.

[226] 张永安, 付韬. 产业集群创新系统中知识网络的界定及其运作机制研究 [J]. 科学学与科学技术管理, 2009, 30 (1): 92-97.

[227] 张永安, 田刚. 多主体仿真模型的主体行为规则设计研究 [J]. 软科学, 2008 (3): 14-19.

[228] 张哲. 基于技术扩散的产业集群创新动力研究 [J]. 山东社会科学, 2009 (2): 111-113.

[229] 张治栋, 孟东涛. 企业技术创新和产业集群创新网络互动下的产业集群升级研究 [J]. 广西社会科学, 2017 (5): 63-68.

[230] 章建新, 丁建石, 白晨星. 基于社会网络的产业集群创新效应研究 [J]. 科技管理研究, 2007, 27 (8): 132-134.

[231] 赵鹏. 网络组织分析框架下的产业集群创新机制研究 [J]. 经济论坛, 2018 (5): 13-17.

[232] 赵强, 邓学民, 韩秀杰. 产业集群创新优势分析及其启示 [J]. 商业研究, 2005 (8): 70-72.

[233] 赵强, 杨锡怀, 孙琦. 产业集群创新环境的灰色层次综合评价 [J]. 东北大学学报 (自然科学版), 2006, 27 (1).

[234] 赵涛, 牛旭东, 艾宏图. 产业集群创新系统的分析与建立 [J]. 中国地质大学学报 (社会科学版), 2005, 5 (2): 69-72.

[235] 郑春芳, 吕春成. 提升高新技术产业集群创新能力的制度思考 [J]. 工业技术经济, 2005, 24 (3): 78-81.

[236] 郑浩然. 产业集群创新的影响因素与动力研究 [D]. 成都: 电子科技大学, 2007.

[237] 郑小勇. 集群创新的形成模式及其政策意义探讨 [J]. 外国经济与管理, 2010 (2): 58-65.

[238] 郑小勇. 产业集群创新网络形成与演进的动因及其作用机制——以绍兴纺织产业集群为例的质性研究 [J]. 技术经济, 2014, 33 (8): 26-34.

[239] 郑毅，张雪薇. 创新组织适应性的 NK 模型计算实验 [J]. 科技与经济，2014（6）：25−29.

[240] 周国红，陆立军. 基于科技型中小企业的产业集群创新能力提升 [J]. 科技管理研究，2006，26（2）：120−123.

[241] 周海涛，林映华. 基于 BA 模型的集群创新网络形成与演化研究 [J]. 科技管理研究，2013（15）：244−250.

[242] 周立春. 组织邻近性与广告产业集群创新的影响机制研究——基于国家广告产业园的实证分析 [J]. 现代传播（中国传媒大学学报），2018（10）：7−13.

[243] 周泯非，魏江. 产业集群创新能力的概念、要素与构建研究 [J]. 外国经济与管理，2009，31（9）：9−17.

[244] 周明生，王辉龙. 浅论生产性服务业对产业集群创新的作用机理 [J]. 南方经济，2005（10）：68−70.

[245] 周朴雄，陶梦莹. 面向产业集群创新的知识建构共同体研究 [J]. 情报科学，2014（12）：43−47.

[246] 周哲，李有润，胡山鹰，等. 复杂自适应系统理论用于工业生态化 [J]. 清华大学学报（自然科学版），2008（6）：1019−1022.

[247] 朱兵. 产业集群合作创新网络最有关系强度演化机理分析 [J] 安徽师范大学学报，2016（7）：481−489.

[248] 朱杏珍. 产业集群创新网络的行为机制分析 [J]. 经济论坛，2006（6）：4−7.

[249] 朱秀梅. 高技术产业集群创新路径与机理实证研究 [J]. 中国工业经济，2008（2）：66−75.

[250] 朱英明，朱婷婷，卢誉. 创新驱动发展战略下的创新产业集群研究——基于江苏省的实证分析 [J]. 南京理工大学学报（社会科学版），2014（2）：8−18.

附录　20 次随机模拟结果

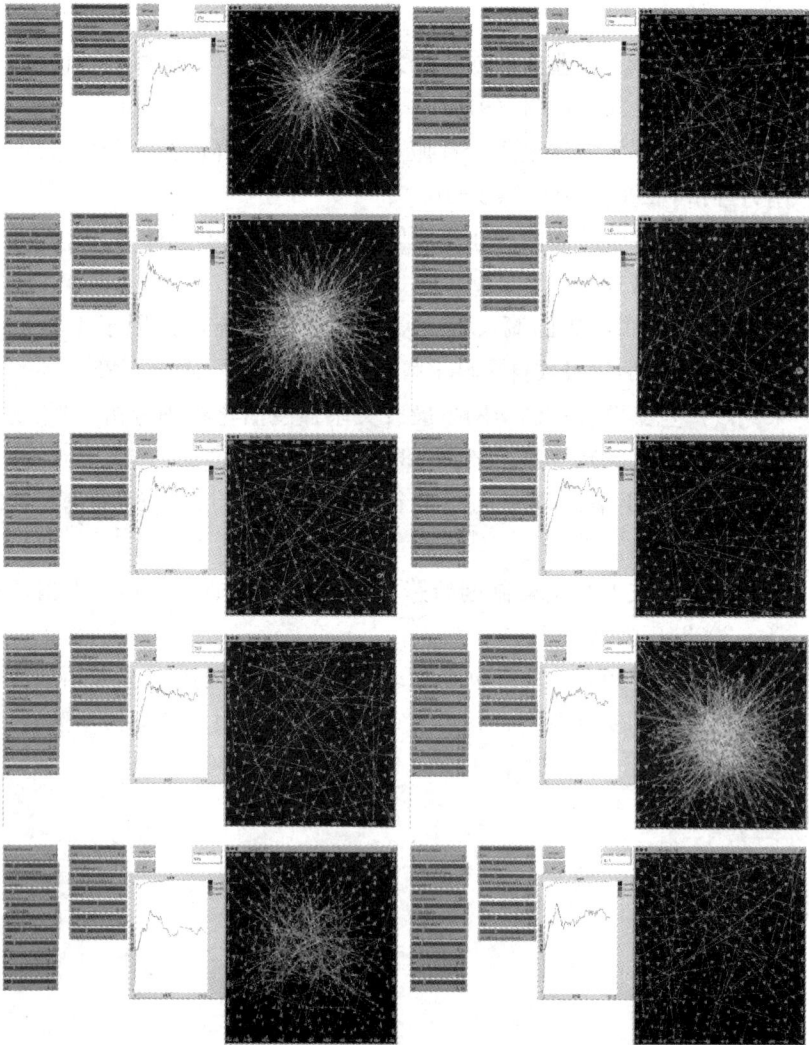

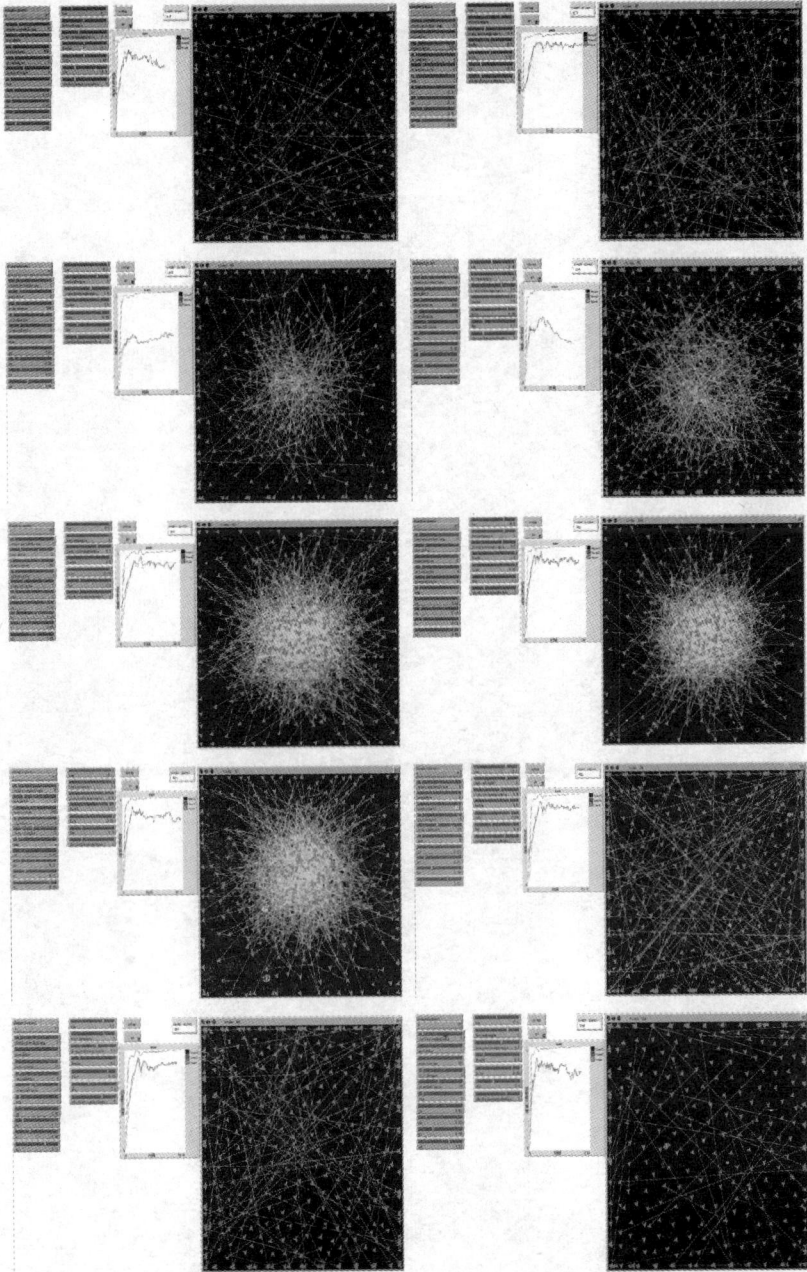